KB131892

폭스바겐은
왜 고장난
자동차를
광고했을까?

대중을 사로잡은
글로벌기업의
스토리 전략

폭스바겐은
왜 고장난
자동차를
광고했을까?

자일스 루리 지음 ◦ 이정민 옮김

중앙books

호랑이는 가죽을 남기고
브랜드는 스토리를 남긴다

이 책은 독자가 전통적인 마케팅 입문서 대신 쉽고 편하게 읽을 수 있도록 마케팅 분야와 관련된 재미있는 스토리를 담았다. 다시 말해 마케팅 분야의 교과서라기보다는 깊이 빠져들어 읽게 되는 흥미로운 '이야기책'이라 할 수 있다.

이 책에는 전 세계 주요 브랜드나 기업을 상징하는 스토리가 실려 있다. 책을 읽어 나가는 동안 우리가 알고 있는 브랜드가 어떻게 탄생하게 되었는지, 기업은 어떻게 혁신적인 상품을 개발하게 되었고, 또 어떤 믿음을 가지고 행동할 수 있었는지, 때로는 브랜드가 어떤 종말을 맞게 되었는지 알 수 있다.

하지만 줄거리 위주의 책과는 달리 각각의 일화에 담긴 교훈을 공유할 수 있도록 이야기 말미에 짤막한 메시지를 달았다. 간추린 메시지를 읽고 일반 경영자에서부터 마케팅 관리자에 이르는 다양한 기업인들이 훌륭한 브랜드를 만들기 위해 필요한 원칙이 무엇인지 함께 고민하고 이해하는 계기가 되었으면 한다.

위대한 기업과 그렇지 않은 기업의 차이

이 책은 재미있는 스토리가 얼마나 대단한 위력을 가지는지 깨닫게 해주는 첫 번째 책이 결코 아니다. 일찍이 페르시아 젊은 술탄의 아내 세헤라자데는 천일 밤 동안 왕에게 재미있는 이야기를 들려주어 죽음을 면했다. 또한 음유시인과 중세 음악가들은 이야기를 들려주거나 노래를 부르고 음악을 연주해서 생계를 꾸려 나갔다. 현대에 들어서 발달한 소설, 영화, 만화, 각종 미디어에 실린 글은 모두 이런 스토리텔링의 변형이라고 말할 수 있다. 우리 인간은 생명을 받고 태어나면서부터 재미있는 이야기를 좋아하고 귀 기울인다.

스토리에 힘이 있다는 말은 스토리가 단지 재미나 즐거움으로 그치지 않고 오랫동안 교육의 도구로 훌륭한 기능을 발휘했다는 의미일 것이다. 구체적이고 흥미로운 사례를 통해 좀 더 재미있고 자연스럽게 객관적인 가르침을 이끌어낼 수 있기 때문이다.

예수 역시 제자들과 대중을 가르치기 위해 여러 우화와 비유를 사용했다. 수많은 성적 유희를 묘사한 카마수트라는 결국 인도의 젊은 여성들에 대한 스토리라고 볼 수 있고, 빅토리아 시대의 문학가들은 가르침을 담은 스토리를 아름다운 운율을 가진 형식에 담아냈다. 재미있고 교훈적인 이솝 우화도 빼놓을 수 없다.

오늘날 많은 기업이 앞을 다투어 브랜드에 얽힌 사연이나 기업의 전설적 인물에 대한 스토리를 발굴하고 선보이는 것은 흥미로운 일화를 통해 대중에게 브랜드 이미지를 각인시킴으로써 기업의 미래를 긍정적으로 이끌어갈 수 있기 때문이다. 또한 이런 여러 일화를 전해들은 직원들은 브랜드의 기원과 역사를 이해할 수 있을 뿐만 아니라 브랜드의 가치를 깨닫고 기업에 애정을 가지고 헌신할 수 있게 된다. 거창한 프레젠테이션이나 진부하고 딱딱한 직원 워크숍보다는 확실히 이런 스토리들이 훨씬 더 감동적이고 오래 기억할 만하며 직원들에게도 본보기로 삼고 싶은 롤 모델을 제시해줄 수 있을 것이다.

나이키의 임원 중에는 기업의 가치를 알리는 일에 많은

시간을 할애하는 스토리텔러가 있다. 이들은 핵심 간부에서부터 영업 사원과 나이키 매장에서 일하는 아르바이트에 이르는 모든 직원에게 나이키 회사와 관련된 여러 일화를 들려주며 다닌다. 나이키의 인사 교육을 책임지고 있는 넬슨 패리스는 이렇게 말했다.

"우리가 사람들에게 이야기하는 것은 나이키가 얼마나 흑자를 보았다거나 전략이 어떻다거나 하는 이야기가 아닙니다. 지금의 나이키를 만든 사람들에 대한 이야기입니다."

이들이 전하는 이야기 가운데에는 나이키 공동 창업자이자 대학 육상팀 감독이었던 빌 바우어만에 대한 전설적인 일화가 있다. 빌 바우어만은 육상팀 감독으로 있을 때 선수들에게 좀 더 적합한 운동화가 필요하다는 생각이 들었고, 그 길로 작업장으로 달려가 와플 굽는 틀에 액체 고무를 들이부어 미끄럼을 방지하고 추진력을 강화한 운동화를 개발했다. 이런 스토리는 나이키의 유명한 '와플 밑창'이 어떻게 탄생했는지를 대중에게 알려주는 재미있는 일화일 뿐만 아니라 나이키의 혁신적인 정신을 잘 드러내줌으로써 기업 이미지를 높인다.

시장을 선도하는 스토리의 힘

브랜드에 얽힌 감동적인 일화들이 거듭 회자되면서 스토리가 발휘하는 영향력도 기업 울타리를 넘어 일반인들 사이로 멀리 퍼져 나가고 있다. 일반인들도 인터넷이나 텔레비전, 라디오 방송, 각종 신문 지상에서 언제든지 감동 실화를 보고 들을 수 있게 되었다. 이렇게 퍼져 나간 스토리는 브랜드의 기반을 튼실하게 다져주는 역할을 하는 동시에 브랜드에 대한 전반적인 인식에도 매우 긍정적인 영향을 미쳤다.

한 예로, 우수한 고객 서비스로 유명한 노드스트롬 백화점에서 일어난 일화를 들 수 있다. 어떤 사람들은 지겹도록 들었을 이런 일화를 통해 노드스트롬 직원들은 브랜드의 가치가 무엇인지, 그리고 고객을 상대할 때 어떻게 행동해야 하는지를 배울 수 있을 것이고, 고객이나 일반 대중은 고객 서비스 부문에 투철한 사명감과 자긍심을 가진 한 소매점에 대해 신선한 감동을 받는다.

이런 영향력을 고려해 어떤 브랜드는 노골적으로 대내외에 자사 스토리를 퍼뜨리고 다니기도 한다. 특히 애플, 나이키, 버진 그룹, 코카콜라 같은 대기업은 브랜드에 얽힌 스토리를 기업 홍보전략에서 빼놓을 수 없는 아주 중요한 요소로 활용한다. 코카콜라는 애틀랜타 본사에서 멀티미디어를 활용해 이야기를 공유하는 디지털 스토리텔링까지 도입하고 있다.

하지만 모든 일화가 다 긍정적인 것만은 아니다. 어떤 이야기는 브랜드에 치명적인 악영향을 미칠 수도 있다. 본문에 소개한 나이키가 맞춤 제작 서비스를 시작하면서 노동 착취 기업이라는 공방에 휘말린 일화는 이런 부정적인 영향을 보여주는 대표적인 사례다. 나이키로서는 자사의 이미지를 갉아먹는 이런 스토리가 대중에게 알려지는 것을 결코 원하지 않을 것이다.

브랜드에 관한 스토리를 듣고 영향을 받은 또 다른 부류는 여러 경쟁 기업의 지도자와 마케팅 담당자들이다. 브랜드 스토리는 이들에게 두 가지 의미가 있었다. 먼저 타 기업의 사례를 통해 브랜드와 마케팅 전략을 실천할 때 무엇을 해야 하고 하지 말아야 하는지 가르침을 받을 수 있었다. 또한 '우리 브랜드는 과연 얘기할 거리가 있는가'라는 피할 수 없는 질문과 맞닥뜨리게 되면서 브랜드와 관련된 일화를 발굴하고 정체성을 찾으려는 노력을 기울이게 되었다.

이 책에는 기업의 통찰력과 혁신을 구체적으로 기술한 유명한 스토리를 담았다. 그중에서도 맨 처음에 소개되는 일화는 가슴이 훈훈해지는 따뜻한 이야기일 뿐만 아니라 브랜드 이미지 작업 및 브랜드 상징의 효과와 힘이 어느 정도인지를 잘 보여주고 있다.

성공한 글로벌 기업을 만든 스토리를 수집하고 고르는 데에는 여러 해가 걸렸다. 수집한 자료와 내가 여러 브랜드에서 일한 경험을 통해 알게 되었고, 또 브랜드에서 일한 사람을 통해서 들을 수 있었다. 또 각종 매체를 조사해서 나온 이야기와 풍문으로 전해들은 일화들도 있다. 물론 책과 뉴스, 잡지와 웹사이트를 비롯해 신뢰할 수 있는 사람들이 전해준 스토리도 수록했다.

이 책에 수록된 이야기는 모두 사실이지만 일부는 회자되고 재서술되는 과정에서 변경되거나 과장 또는 보완되었을지도 모른다. 그러므로 이야기를 좀 더 정확하게 아는 독자가 있다면 의도와는 다르게 임의로 서술된 부분에 대해 너그럽게 이해해주기를 바란다.

이 책을 쓰면서 알게 된 사실이지만 이야기의 진정한 힘은 사람들이 이야기를 입에서 입으로 전하는 과정에 있다는 사실을 깨달았다. 물론 전해지는 과정에서 이야기가 부풀려지고 조금 바뀔 수도 있겠지만 본질적인 내용에는 변함이 없으며, 사람들은 여전히 흥미롭고 교훈적인 이야기에 감동을 받게 될 것이다.

만약 이 책에 포함되지 않은 훌륭한 브랜드 일화를 알고 있는 독자가 있다면 메일로 보내주기 바란다. 나 역시 오래된 이야기를 되풀이하는 것보다는 새로운 이야기를 소개하는 것을 누구보다도 간절히 바라고 있기 때문이다.

자일스 루리

차례

| 프롤로그 |

호랑이는 가죽을 남기고 브랜드는 스토리를 남긴다   4

브랜드 brand

포로는 왜 감옥에서 펭귄을 그렸을까   18

하이네켄의 빨간 별   21

형제의 의절, 아디다스와 푸마   25

퇴짜 맞는 와인에서 세계 최고급 와인으로   30

흑인 폭동에도 불타지 않은 맥도날드   34

폭스바겐은 왜 고장난 자동차를 광고했을까   39

잘 논다, 레고   42

어린이 혼다의 꿈   45

우리는 다른 은행과는 다릅니다, ING   50

기네스 맥주 하프 로고에 숨은 비밀   54

회사 철자를 잘못 썼어요, 구글   58

전투에서 시작한 리큐르가 왕실에 도착하기까지   61

처칠과 승리의 맥주   65

'저스트 두 잇'의 탄생   69

피아니스트도 가입한 트럭 찾기 팬클럽   72

스페인 왕자를 살린 럼주   77

나이키의 소셜미디어 대응 실수   81

타이어도 환불해주는 백화점   84

껌 마케팅의 절반은 브랜드다   90

브랜드가 지켜야 할 선   94

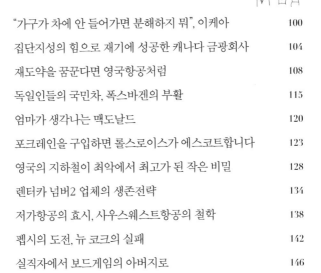

혁신 innovation

"가구가 차에 안 들어가면 분해하지 뭐", 이케아   100

집단지성의 힘으로 재기에 성공한 캐나다 금광회사   104

재도약을 꿈꾼다면 영국항공처럼   108

독일인들의 국민차, 폭스바겐의 부활   115

엄마가 생각나는 맥도날드   120

포크레인을 구입하면 롤스로이스가 에스코트합니다   123

영국의 지하철이 최악에서 최고가 된 작은 비밀   128

렌터카 넘버2 업체의 생존전략   134

저가항공의 효시, 사우스웨스트항공의 철학   138

펩시의 도전, 뉴 코크의 실패   142

실직자에서 보드게임의 아버지로   146

아이디어 idea

"소비자로서의 감각을 잃지 마세요", 리처드 브랜슨   150

엄마의 관찰이 탄생시킨 세계적인 인형, 바비   153

윔블던이 홍보해준 배트맨   157

비행기를 탄 화학자   160

오길비의 롤스로이스 광고   163

새로운 접착테이프의 탄생   166

호주 목축업자들의 파격적인 광고 카피   172

밀푀유를 아이스크림으로 만든다면?   175

한 카피라이터가 염색약 회사로 보낸 편지   178

상점의 개념을 바꾼 마트의 탄생   182

실행 dilivery

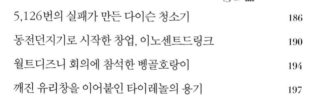

5,126번의 실패가 만든 다이슨 청소기   186

동전던지기로 시작한 창업, 이노센트드링크   190

월트디즈니 회의에 참석한 벵골호랑이   194

깨진 유리창을 이어붙인 타이레놀의 용기   197

광산에서 시작된 치킨요리, 난도스   203

디즈니랜드의 주차요원 교육하기   207

퍼스트레이디의 마가린 광고는 왜 실패했을까?   210

성공한 담배 광고, 실패한 매출   213

시장조사를 시작한 조미료회사   216

대형 은행을 설득한 스와치   221

아빠의 사랑이 탄생시킨 도브 아이스바   226

리더 leader

값비싼 사치품을 대중의 간식으로, 허쉬초콜릿   230

보잉의 민간 항공시장 개척기   234

턱시도를 입은 토끼, 플레이보이   238

스티브 잡스의 철학, 토이스토리의 탄생   242

CEO의 말실수로 하루 아침에 문닫은 보석회사   249

나이키 직원은 왜 발목에 회사 로고를 문신으로 새겼을까   253

레고를 감동시킨 제임스의 편지   257

영국 1등 유통업체, 테스코의 10단어   264

브랜드

brand

포로는 왜 감옥에서 펭귄을 그렸을까

■

1987년, 영국 성공회 대주교인 테리 웨이트가 시아파 무슬림 단체에 납치당했다. 웨이트 주교는 당시 서방 세계에서 탁월한 협상 중재자로 알려져 있던 인물로, 납치되기에 앞서 리비아에 억류된 서방 인질 10명을 석방하는 데 결정적 역할을 했다. 사실 납치되던 날도 인질들을 석방하기 위해 뛰어들었다가 자신이 구하고자 했던 인질들과 함께 레바논에 억류되고 만 것이다.

이 사건은 발생하자마자 전 세계 신문의 1면을 장식했다. 그날부터 테리 웨이트는 4년이 넘는 긴 시간 동안 독방에 눈가리개를 하고 라디에이터에 묶인 채 고통스러운 시간을 견뎌야 했다. 자주 두들겨 맞았고 참수해버리겠다는 협박에 시달렸다. 천식으로 고생도 많았다. 이동할 때는 거대한 냉동차에 실리곤 했다.

그러나 시간이 흐르면서 주변에서 그를 지켜보던 감시요원들은 점차 테리 웨이트의 행동과 인품에 감동하기 시작했다. 심적으로 그를 챙기기도 했다. 하지만 언어가 다르기 때문에 그들과 대화를 나누는 일은 매우 어려웠다.

몇 달을 갇혀 지내던 어느 날, 그와 친해진 한 감시요원이 책을 한 권 구해주겠다며 호의를 베풀었다. 평소 책을 무척 좋아하던 테리 웨이트는 수많은 책 중에서 어떤 것을 갖다달라고 해야 할지 고민이 되었다. 모국어로 된 책을 읽을 수 있는 다시 없는 기회인데, 특정한 책을 요청한다 해도 감시요원이 이해할 수 있을까? 역사나 철학, 문학, 신학 같은 추상적인 단어를 어떻게 몸짓으로 설명할 것인가. 또 뜻을 이해한다 해도 그 책을 찾아서 가져다줄 가능성은 얼마나 되겠는가.

한참을 고민한 끝에 테리 웨이트는 어떤 책을 가져다달라고 할지 좋은 생각이 떠올랐다. 책 귀퉁이에 새가 그려진 책이면 아무거나 좋다고 얘기한 것이다. 그는 자신이 말한 새가 무언지 감시요원이 정확히 이해할 수 있도록 검은색과 흰색으로 된 새, 펭귄을 그려주었다. 그것은 바로 펭귄출판사의 심벌이었다.

1991년 웨이트 주교는 약 5년 정도 지난 1,763일 만에 레바논에서 석방되었다. 그동안 테리 웨이트는 레바논 감시 요원들이 간혹 전해주는 펭귄출판사의 책을 읽으며 힘든 시간을 견뎌냈다. 풀려난 뒤에 누군가 그 에피소드를 듣고 무슨 의미였는지 물었다. 주교는 펭귄출판사에서 출간한 거라면 어떤 책이든 상관없이 읽을 만하리라 생각했다고 대답했다.

좋은 책을 읽고 싶다면 펭귄 책을 골라라. 테리 웨이트의 이 지적이며 극적인 에피소드는 펭귄출판사의 귀중한 자산으로 남아 있다.

소비자에게 깊이 각인된 브랜드야말로 기업의 강력한 무기이자 자산이다. 당신의 브랜드는 어떠한 힘을 발휘하는가?

하이네켄의 빨간 별

현대 사회에서 오각형 빨간색 별은 단순한 기호로 치부되지 않는다. 이 빨간 별은 여러 국기나 각종 기념물에서 국가를 상징하기도 하지만 대체로 공산주의를 상징하는 경우가 많다. 오각별이 어떻게 공산주의와 관련을 맺게 되었는지, 또 구체적으로 무엇을 상징하는 것인지는 오랫동안 논란이 많았던 문제이지만 대체로 세 가지 가설이 유력해 보인다.

첫 번째는 가장 간단한 설명으로, 별의 꼭짓점 다섯 개는 노동자의 다섯 손가락을 나타낸다는 주장이다.

두 번째 가설은 러시아의 혁명가 레온 트로츠키와 니콜라이 크릴렌코가 처음 만나게 된 시점에 기원을 두고 있다.

당시 크릴렌코는 볼세비키 당원이었고 장차 소비에트 사회주의 공화국 연방의 사법검찰 인민위원이 될 사람이었다. 두 사람이 만났을 때 크릴렌코는 옷깃에 초록색 별 모양 배지를 달고 있었다. 트로츠키가 그 의미를 묻자 크릴렌코는 별의 다섯 꼭짓점이 다섯 개의 대륙을 나타낸다고 대답했다. 그 말을 들은 트로츠키는 붉은 군대의 병사들에게 빨간 별을 달게 해야겠다고 결심했다고 한다.

세 번째 가설은 러시아 내전과 제1차 세계대전의 종결과 관련이 있다. 이 설명에 따르면 1917년 러시아 군대가 오스트리아와 독일 전선에서 후퇴를 하기 시작했고 어느새 모스크바까지 오게 되었다. 물밀 듯 밀려오던 퇴각 군대와 모스크바에 남아 있던 러시아 주둔군을 구별하기 위해 군 장교들은 모스크바 주둔군 병사들에게 주석으로 된 별을 나눠주며 군모에 달도록 지시했다. 나중에 주둔군이 붉은 군대와 볼세비키에 합류하면서 주석으로 만든 별에 사회주의를 상징하는 빨간색을 칠하게 되었다고 한다.

하지만 붉은 별은 공산주의와 연관을 맺기 시작한 것보다 훨씬 오래전부터 이미 하이네켄을 상징하던 심벌이었다. 그런데 제2차 세계대전 이후 자본주의와 공산주의 사이의 냉전이 극에 달할 무렵, 하이네켄은 공산주의를 뜻한다는 비난을 피하기 위해 애초의 디자인을 변경하지 않을 수 없었다. 그래서 처음에는 전부 빨간색으로 칠해져 있던 별을 빨간 외곽선을 두른 하얀 별로 바꾸었다. 그러다가 냉전이 해소되고 시대 분위기가 달라지자 다시 원래 모양으로 되돌릴 수 있었다. 하이네켄 측의 주장에 따르면 빨간 별은 원래 따뜻하고 유쾌하며 축제의 기분을 표현한 것이라고 한다.

한편 빨간 별이 어떻게 하이네켄을 상징하게 되었는지는 공산주의 연관설보다 훨씬 복잡해 보이는데, 현재 네 가지 가설이 입에서 입으로 전해지고 있다.

첫째, 중세시대 유럽에서는 양조업의 상징이 빨간 별이었다고 한다. 당시 양조업자들은 빨간 별에 양조가 잘 되게끔 보호하는 신비한 힘이 있다고 믿었다. 하이네켄은 그런 양조사들의 믿음에 흥미를 느껴 빨간 별을 브랜드 상징으로 채택했다는 것이다. 그것은 바로 맥주의 품질을 보증한다는 의미이기도 했기 때문이다.

둘째 가설 역시 중세시대부터 유래한 것이다. 별의 네 꼭짓점은 각각 흙, 물, 불, 바람이라는 4원소를 뜻하며, 마지막 한 꼭짓점은 미지의 요소로, 양조업자들도 통제가 불가능한 알 수 없는 어떤 힘을 상징한다는 것이다.

셋째, 양조장 문 앞에는 별 모양으로 공정 사항을 표시했는데 별의 위치가 변함에 따라 양조 과정이 진행되고 있음을 뜻했다고 한다. 그런데 시간이 흐르면서 그런 의미가 조금씩 변해 양조 과정이 아닌 맥주 자체를 상징하는 것으로 굳어졌다고 한다.

마지막은 별의 다섯 꼭짓점이 하이네켄 맥주를 특별하게 만들어주는 다섯 가지 요소를 나타낸다는 주장이다. 그중 네 가지 자연적 요소는 맥주의 주재료인 맥아, 이스트, 호프, 물을 가리키고, 가장 특별하고 중요한 마지막 다섯 번째 요소는 하이네켄맥주를 만드는 사람들의 신비한 능력을 의미한다는 것이다.

신비한 이미지는 브랜드에 호소력을 부여한다. 당신의 브랜드에도 그런 신비한 요소가 존재하는가?

형제의 의절,
아디다스와 푸마

신발공장에서 일하던 크리스토프 다슬러에게는 아돌프와 루돌프라는 두 아들이 있었다. 제1차 세계대전이 끝나고 전쟁터에서 돌아온 두 아들은 서로 다른 길을 걸어갔다. 주위에서 '아디'라고 불리던 동생 아돌프는 아버지가 하던 일을 이어받아 부엌에서 직접 운동화를 만들기 시작했다. 반면에 '루디'라고 불리던 형 루돌프는 도자기 공장에서 관리직으로 잠깐 일하다 가죽 도매사업에 뛰어들었다.

그러다가 루디는 1924년 7월 고향 마을로 돌아와 동생이 하던 사업에 동참했다. 상호를 다슬러 형제 신발공장으로 바꾸고 두 형제가 함께하자 사업은 날로 번창했다.

독일 베를린에서 개최될 예정인 1936년 하계 올림픽을 앞두고 있을 때, 아디는 이것이 하늘이 내려준 좋은 기회라는 사실을 알아차렸다. 그래서 형과 함께 만든 스파이크가 달린 운동화를 가방에 가득 담아 올림픽 선수촌으로 향했다. 그곳에서 아디는 미국 단거리 육상선수인 제시 오언스를 설득해 자신이 제작한 신발을 신고 올림픽에 출전하도록 했다. 이는 흑인에 대한 최초의 상업적 후원이었다.

그런데 놀랍게도 오언스가 베를린 올림픽에서 금메달을 네 개나 따내는 기적을 이루었다. 육상 최초의 올림픽 4관왕이 탄생하자 다슬러 운동화까지 덩달아 유명해졌다. 두 형제의 책상에는 전 세계에서 날아든 주문서와 응원의 편지가 가득 쌓였고, 다른 국가대표팀 선수나 감독도 다슬러 운동화에 관심을 보였다. 사업은 엄청난 호황을 누렸고, 1930년대 후반에는 한 해 평균 20만 켤레가 넘는 운동화가 팔렸다.

하지만 다른 형제들과 마찬가지로, 아디와 루디도 함께 사업을 하면서 수차례 언쟁을 벌이고 갈등을 겪었다. 제2차 세계대전이 끝난 후에는 간신히 둘 사이를 이어주던 갈등관계마저 종지부를 찍고 형제는 서로에게 완전히 등을 돌리고 말았다.

1943년 연합군이 독일을 폭격할 당시 루디와 그의 가족은 방공호에 대피해 있었는데, 얼마 후 아디 부부도 그곳으로 피신해왔다. 루디는 동생이 들어오면서 이렇게 얘기하는 소리를 들었다.

"그 비열한 자식도 곧 이쪽으로 올 거야."

루디는 동생이 말하는 사람이 연합군이 아니라 자신을 가리키는 것이라고 생각하고 분노했다. 얼마 뒤에는 루디가 나치 친위대로 활동했다는 사실을 아디가 밀고해 형이 미군에 붙잡힌 후 둘 사이의 관계는 극도로 악화되었다. 형제는 관계를 회복하지 못하고 결국 1947년에 완전히 갈라섰다.

그 후 루디는 새로운 회사를 설립하고 처음에는 이름을 루돌프와 다슬러를 조합한 루다로 지었다가 1948년 '푸마'로 이름을 바꿨다. 한편 아디도 1949년 '아디다스'라는 회사를 차렸는데, 그 이름은 '온 종일 나는 스포츠를 꿈꾼다All Day I Dream About Sport'의 머리글자라는 말도 있고 아디와 다슬러를 조합한 말이라는 얘기도 있다.

그런데 두 회사의 경쟁은 치열하고 냉혹했다. 고향 마을 역시 두 파로 갈렸는데, 그 덕분에 '목이 구부러진 사람들이 사는 마을'이라는 별명을 얻게 되었다. 누군가가 마을을 방문하기라도 하면 어떤 브랜드 신발을 신었는지 확인하느라 마을 사람들이 일제히 고개를 숙이는 버릇이 생겼기 때문이다.

아디다스는 승승장구했다. 1954년 스위스 월드컵 결승전, 2:0으로 서독을 이기고 있던 헝가리 선수들이 갑자기 내린 비에 미끄러지며 급격히 무너지기 시작했다. 반면, 서독 선수들은 우천을 대비해 미끄러짐을 막을 수 있는 아디다스의 축구화를 신고 있어서 기적 같은 3:2 역전극을 연출한 것이다.

아디다스에 늘 선두를 내주던 푸마는 1970년 멕시코 월드컵에서 강력한 카운터 펀치를 날렸다. 브라질과 이탈리아의 월드컵 결승전, 경기 전 펠레는 주심에게 양해를 구하고 축구화 끈을 다시 묶었다. 축구 황제 펠레의 축구화에 새겨진 푸마의 로고가 전 세계에 방영되었다. 브라질의 우승으로 월드컵의 막이 내리고 푸마의 매출은 수직상승했다.

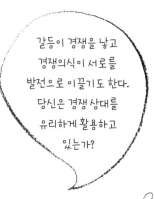

갈등이 경쟁을 낳고
경쟁의식이 서로를
발전으로 이끌기도 한다.
당신은 경쟁 상대를
유리하게 활용하고
있는가?

퇴짜 맞는 와인에서
세계 최고급 와인으로

프랑스 와인의 명가로 꼽히는 바롱 필립 드 로칠드의 창립자인 필립 드 로칠드 남작은 와인의 역사를 바꾼 인물로 평가받는다. 1923년 바롱 필립은 유산으로 물려받은 샤토 무통 로칠드 와이너리를 운영하기 시작했다. 보르도 지방의 포이약 마을에 위치한 이 양조장은 70년 전인 1853년에 증조부가 매입한 것이다.

바롱 필립은 철저한 관리와 까다로운 방법으로 좋은 포도를 재배해 품질 좋은 와인을 생산하기 위해 심혈을 기울였다. 그러나 어찌된 일인지 등급 심사에서 좋은 결과를 얻지 못하고 상품 판매에서도 늘 신통한 성과를 거두지 못했다.

당시 부유한 프랑스 귀족들은 식사 자리에서 위스키를 즐겨 마시는 반면, 평범한 레스토랑에서는 손님들에게 유리병에 담은 와인을 무료로 제공해 주고 있었다. 이런 상황에서 바롱 필립이 맞닥뜨린 또 한 가지 문제는 그런 대중적인 레스토랑에서조차도 자신의 와이너리에서 생산된 와인을 취급하고 있지 않다는 점이었다.

바롱 필립은 경쟁사라고 생각하던 세인트 라파엘, 수즈, 쿼잉쿼 등 몇 가지 신제품 와인 광고를 보게 됐다. 그런 광고를 보자 바롱 필립은 곧바로 부러운 생각이 들었다. 어떤 이유로 이런 와인들이 훌륭한 샤토 무통 로칠드보다 더 많은 인기를 끌고 더 높은 수익을 올리는지 알 수가 없었다. 고민 끝에 바롱 필립은 이제 확실한 조치를 취해야겠다고 결심을 굳혔다.

나중에 드러난 사실이지만 그때 바롱 필립이 고민 끝에 취한 전략은 간단했다. 그러나 그의 생각은 당시에 지나치게 파격적이고 앞서간다는 비난을 사며 보수적인 와인업계에 파장을 불러일으켰다. 심지어 볼셰비키 세력이 배후에서 조종하고 있는 게 아니냐는 의혹을 사기도 했다.

당시 프랑스에서 와인은 따로 포장하지 않은 채 큰 통에 담겨 상인들에게 팔렸다. 그러면 상인들은 자유롭게 자기 방식대로 와인에 이것저것 섞어 제조하는데, 첨가물은 저급 와인에서부터 빨간 잉크나 동물의 피에 이르기까지 다양했다.

바롱 필립은 샤토 무통 로칠드의 재료부터 생산까지 모든 과정을 감독할 뿐 아니라 시장 출시와 판매도 상인들에게 넘기지 않고 제조사가 직접 관리하는 파격적인 전략을 세웠다. 이와 같은 전략을 실천하는 방법으로, 그는 상품을 직접 병에 담아 판매하기로 했다. 이런 과정을 필립은 '샤토 보틀링'이라고 이름지었다.

그런 다음 브랜드 이미지를 창출해 내는 작업에 들어갔다. 바롱 필립은 현대예술가협회 회원이자 그래픽 미술가인 장 칼뤼에게 샤토 무통 로칠드를 위한 로고 제작을 의뢰했다. 이렇게 해서 무통을 상징하는 양 머리(무통은 프랑스어로 '양'을 의미한다 : 옮긴이)와 다섯 화살이 조합된 유명한 상표가 탄생했다. 또한 샤갈, 피카소, 앤디 워홀 등 당대 저명한 예술가들에게 라벨 디자인을 의뢰해 와인의 희소성과 가치는 더욱 높아졌다. 이런 두 가지 의미 있는 시도 덕분에 소비자들은 샤토 무통 로칠드라는 브랜드를 쉽게 알아보게 되었고, 일관성 있는 품질과 흠 없는 상품이라는 믿음으로 와인의 가치가 높아지기 시작했다.

와인 사업에서 바롱 필립 드 로칠드의 혁신적인 사고와

전략은 계속 이어졌다. 1928년에는 '매일 마시는 무통 로칠드'라는 컨셉트의 세컨드 브랜드인 무통 카데라는 새로운 와인을 성공적으로 출시했고 1935년에는 한정판 와인을 만들어 라벨에 정확한 병수와 대표인 자신의 서명을 기입해 넣었다. 이런 전략은 소비자들에게 또 한 번 신뢰감을 주는 계기가 되었는데, 그의 서명은 자신이 품질을 보증한다는 의미였기 때문이다.

이제는 브랜드 자체가
이미 품질 보증을 나타내고 있다.
당신은 상품이나 서비스를
얼마나 면밀하게 관찰하고
철저하게 관리하는가?

흑인 폭동에도 불타지 않은
맥도날드

1991년 미국 LA에서 과속으로 운전하다 도주한 흑인 로드니 킹을 백인 경찰이 무차별 구타하는 장면이 녹화되어 방송으로 나간 일이 있었다. 문제의 경찰관은 바로 기소되었지만 이듬해에 백인이 다수인 배심원단이 무죄 평결을 내렸다. 이에 분노한 흑인들은 LA 시내에서 전례 없이 과격한 폭동을 일으켰다. 지역 주민들은 약탈과 폭동의 물결에 휘말려들었고 집과 차가 불에 타서 무너지는 모습을 속수무책으로 지켜보아야 했다.

상가나 회사 건물도 여러 채가 파괴되었다. 유리창은 모조리 깨지고 상품과 소비재는 약탈당했으며 건물엔 불길이

치솟았다. 하지만 이런 아수라장 속에서도 유일하게 아무런 피해도 입지 않은 건물이 있었다. 바로 맥도날드 매장들이었다. 이는 맥도날드가 창업자 레이 크록이 늘 강조하던 정책을 제대로 실현하고 있었다는 증거이기도 했다. 레이 크록은 이렇게 말했다.

"우리는 기업이 사회에서 거둔 수익의 일부를 어떤 식으로든 공동체에 환원해야 한다고 생각합니다. 또한 이런 노력은 장기적으로 봤을 때 기업에도 유익한 일입니다."

LA에 있는 맥도날드 매장 다섯 군데가 폭동에도 파괴되지 않고 건재한 사실은 창업자의 조언을 매장주들이 그대로 따랐다는 의미였다. 맥도날드 기업 홍보를 책임지고 있는 척 에벌링은 당시 상황에 대해 이렇게 회상했다.

"LA 중남부 지역은 마치 폭탄을 맞은 것 같았습니다. 원자폭탄을 맞은 나가사키를 연상시킬 정도였으니까요. 폭도들은 상점을 약탈하고 건물에 불을 질렀습니다. 계엄령을 선포해야 하는 상황이었죠. 거리를 지나다니는 일조차 위험했고 광란 속에서 많은 사람들이 죽기도 했습니다. 그 모든 현상은 권력을 소유한 지배층에 대한 피지배층의 항의이자 인종과 계급 차별, 가난, 빈부 격차에 대한 뿌리 깊은 반목에서 비롯된 것이었습니다.

LA 중남부에 건설된 모든 조형물이 파괴되어 황폐하기 짝이 없는 모습을 드러냈습니다. 단, 건물 다섯 채만 빼고 말입니다. 종말론적인 사건이 도시를 휩쓸고 지나간 뒤, 오로지 건물 다섯 채만이 전혀 훼손되지 않은 채 타다 남은 잔해에 둘러싸여 있었습니다. 깨진 유리창이라곤 하나도 없고 벽에 스프레이 페인트로 휘갈긴 흔적도 없었죠. 건물 안은 보통 때와 다름없이 환한 형광등 불빛으로 가득했습니다. 이 건물들에는 한 가지 공통점이 있었습니다. 모두 맥도날드 매장이었죠."

몇 달이 흐른 뒤, 스탠퍼드 대학의 사회학자들이 이 이야기를 접했다. 교수들 역시 흥미를 느끼고 그런 현상이 일어날 수 있었던 원인을 규명하고자 연구팀을 LA 현장에 파견했다. 현장에 도착한 연구팀은 당시 폭동에 연루된 많은 사람을 인터뷰하면서 사건의 전말이 어떻게 된 것인지 상세히 조사했다. 조사 대상은 폭동의 원인이 아니라 맥도날드 건물이 손상을 입지 않은 이유였다.

맥도날드만 유일하게 파괴를 당하지 않은 이유에 대해 인터뷰를 수행한 전 지역에서 모두 똑같은 대답이 나왔다. 흑인들의 의견은 대체로 이런 내용이었다.

"그 사람들은 우리 편이에요."

"그게 무슨 말이죠?"

"그 사람들이 우리를 보살펴준 거란 말입니다."

"맥도날드 사람들이 어떻게 당신들을 보살펴주었다는 겁니까?"

"우리는 농구를 하고 싶었지만 아무리 둘러봐도 지저분한 뒷골목 외에는 마땅히 농구를 할 만한 곳이 없었어요. 그런데 맥도날드가 우리에게 공을 주고 농구장을 지어주더란 말이죠."

조사 진행 과정에서 맥도날드가 사회적으로나 경제적으로 낙후한 지역의 젊은 친구들에게 농구공과 농구장을 제공해 왔다는 사실이 밝혀졌다. 사람들은 이런 말도 덧붙였다.

"거처할 데도 변변치 못한 노인들은 일자리조차 구하지 못한 채 이리저리 거리를 떠돌아다녔죠. 그런데 맥도날드는 그런 노인들에게 커피를 공짜로 나누어주었습니다."

확인해보니 모든 게 사실이었다. 맥도날드는 매일 아침 수백 잔의 커피를 노인들에게 공짜로 제공했다. 물론 맥도날드의 수익과 비교해 보면 새 발의 피에 불과하겠지만 말이다.

기업이 선행을 할 때마다 매번 명백한 혜택을 돌려받는 것은 아니다. 하지만 직원 가운데 누군가가 기업의 사회 환원에 대해 회의를 제기한다면 맥도날드는 분명 레이 크록의 조언을 전해준 다음 짤막한 비디오 영상을 보여줄 것이다. LA를 휩쓸어버린 폭동과 혼란을 담은 영상을 말이다. 그리고 모든 게 파괴되고 불길에 무너져 내릴 때에도 맥도날드만이 살아남아서 평소와 다름없이 매장을 운영할 수 있었던 감동적인 실화를 들려줄 것이다.

기업은 한 사회에서 가치 있고
소중한 자산이 되어야 하며
그렇기 때문에 공동체에서 사회적 책임을
져야 한다. 당신의 브랜드는 지역 사회나
공동체를 위해 어떤 활동을
하고 있는가?

폭스바겐은 왜
고장난 자동차를 광고했을까

1961년만 해도 광고에 결점이 있는 상품을 들고 나오는 일은 터무니없는 주제가 아니고서야 있을 수 없는 사건이었다. 하지만 불량이 난 폭스바겐 차량이 등장하는 인쇄 광고가 그해에 제작되었고, 대략 40년이 흐른 뒤에는 여론조사 결과 '세계 최고의 광고'로 인정받게 되었다.

거대 광고회사 도일데인번벅(DDB)에서 일하는 헬무트 크론 아트디렉터와 줄리안 쾨니히 카피라이터가 함께 작업한 폭스바겐 광고는 비틀을 세계적인 베스트셀러로 만들었다. 이 인쇄물에는 작고 단단한 자동차의 흑백사진이 나오고 그 아래에 '레몬'이라는 한 단어짜리 광고 카피가 쓸쓸하게 박혀 있다. 딱정벌레 모양의 자동차 비틀이 작은 레몬을 닮았다는 의미일까?

광고에는 이 비틀이 폭스바겐의 엄격한 품질검사에서 어떻게 불량 판정을 받게 되었는지에 대한 설명이 적혀 있다. '이 차는 앞좌석 사물함 문을 장식한 크롬 도금에 작은 흠집이 나 있어서 교체해야 합니다. 독일 볼프스부르크 공장에서 일하는 크루트 크로너라는 검사원이 발견했습니다.'

서구에서 불량품을 뜻하는 단어인 레몬이라고 적힌 광고는 과장과 조작이 난무하는 시장에서 오히려 정직하고 진실해 보였다. 비틀이 세상에서 가장 아름답고, 가장 빠르고, 가장 널찍한 자동차가 아니라는 사실도 기꺼이 인정했다. 오히려 '못생긴 벌레' 같다며 시리즈 광고를 냈다. 또 '작은 차라 당신의 집이 더 커보입니다'라는 재치있는 카피도 선보였다.

비틀이 가진 장점은 실속 있는 크기에 연비가 높고 가격이 저렴하다는 경제성이었는데, 여기에 요란한 겉치레가 없는 광고를 통해 신뢰성이라는 미덕이 추가되었다. 게다가 자기비하적인 네거티브 전략과 유머, 정직함이 더해져 소비자들에게 비틀이라는 상품이 각인되기 시작했고 지금까지도 꾸준히 팔리는 세계인의 자동차가 되었다.

훌륭한 광고는
진실을 호도하지 않고
소비자에게 신뢰를 준다.
당신의 브랜드에서
알리고 싶은 진실은
무엇인가?

잘 논다, 레고

아이든 브랜드든 이름을 짓는 일은 어려운 작업이다. 이름을 짓는 데 정해진 법칙이 있는 것도 아니고, 주관적인 일이라서 더욱 그렇다. 따라서 이름을 짓거나 선택하는 방법은 아주 다양할 수밖에 없다.

가장 일반적인 방법은 간단히 설립자나 공동 설립자의 이름에서 따오는 것이다. 세계적인 냉동식품 회사인 버즈아이와 생필품 판매 회사이자 대형 소매업체인 울월스도 설립자의 이름을 그대로 적용한 경우다. 설립자의 이름을 브랜드에 사용하는 것은 간단한 방법이지만 여기에 약간 변형을 주면 더욱 효과적이다. 영국의 홍차 생산 기업인 브룩본드가 그런 예다. 설립자 아서 브룩은 가상의 파트너 본드를 고안했는데, 브룩보다는 브룩본드가 훨씬 더 그럴싸하게 들렸기 때문이다.

다음으로 선호하는 방법은 단어를 조합하는 것이다. 브랜드의 의미를 담기에 적당하다고 생각하는 두 단어를 선택한 다음 각 단어의 필요한 부분만 취해서 읽기에 편하도록 조합해 새로운 단어를 만들어내는 방법이다. 한 가지 사례를 들면, 미국 완구 전문업체인 하스브로는 특정 단어와 관련된 그림을 그려서 단어의 의미를 알아맞히는 새로운 게임을 개발한 뒤, 어떤 이름이 좋을까 궁리하다가 그림picture과 사전dictionary을 조합한 픽셔너리Pictionary로 정했다고 한다.

덴마크 목수 출신으로 브릭 장난감의 외길을 걸은 올레 키르크 크리스티얀센은 '잘 논다'라는 뜻의 덴마크어 레그 고트leg godt에서 착안해 레고Lego라는 이름을 만들었다. 그와 동시에 '레고'에는 라틴어로 '나는 짓는다'라는 의미도 들어 있다.

한편 현대 사진산업의 선구자인 조지 이스트먼은 뉴욕 로체스터에 공장을 건설해 롤필름 제작에 성공한 뒤, 1888년에는 카메라를 고안했다. 그런데 이스트먼은 브랜드 이름을 지을 때 앞서 설명한 두 가지 방법을 따르지 않았다. 특별한 의미가 없는 이름을 짓고 싶었다던 이스트먼의 말을 들어보자.

"그 이름은 제가 직접 지었습니다. 브랜드 이름은 간결하고 박력이 넘쳐야 하며, 사람들이 간혹 철자를 틀리게 쓰는 바람에 브랜드 정체성이 흔들리는 일이 있어서는 안 된다고 생각했습니다. 또한 특정 상표를 제대로 충족시키기 위해서는 이름에 특별한 의미를 부여하지 말아야 한다는 게 제 신조였죠.

제가 가장 좋아하는 글자는 K입니다. 왠지 강렬하고 예리한 느낌이 들어서 좋습니다. 그래서 K로 시작해서 K로 끝나는 이름이 좋겠다고 생각했습니다. 그런데 문제는 K로 시작해서 K로 끝나는 무수한 글자를 조합하고 따져보는 일이었죠. 수많은 시도 끝에 저는 코닥Kodak이라는 만족스러운 이름을 만들어냈습니다."

창의력은 극단의 단순함에서
발현될 수 있다.
많은 생각과 자료를 바탕으로
단순함을 뽑아내라.

어린이 혼다의 꿈

1914년 어느 날, 일본의 한 작은 도시에서 소이치로라는 어린 소년이 요란한 소리와 함께 뭉게뭉게 퍼지는 흙먼지구름을 발견했다. 그런데 그 속에서 갑자기 자동차가 나타났다. 눈이 휘둥그레진 여덟 살 소년은 생전 처음 보는 자동차를 뒤쫓아 가기 시작했다.

그것은 T형 포드 자동차였다. 오랜 세월이 흘러 자동차 회사 사장이 된 혼다 소이치로는 어린 시절에 느낀 감동의 순간을 이렇게 회상했다.

"자동차는 매연을 내뿜고 있었지만 저는 자동차 밑으로 기어들어가 매연 냄새를 맡았습니다. 저에게는 향수 냄새나 다름없었죠."

하지만 성인이 된 소이치로 앞에 펼쳐진 인생은 그리 순탄치 못했다. 시멘트 공장을 경영하다가 두 번이나 파산했고 가솔린 깡통을 모아 재기를 꿈꾸었으나 갑작스러운 지진으로 또다시 무너졌다. 그러다가 1946년 9월, 우연히 친구 집을 찾아갔다가 근처 쓰레기 더미에 버려진 작은 엔진을 발견했다. 그것은 전에 미군이 사용하던 무선 라디오의 소형 엔진이었다. 소이치로는 그것을 보자마자 완전히 다른 용도로 쓰일 수 있겠다는 생각이 들었다.

집으로 돌아온 소이치로는 당장 엔진이 달린 자전거 모형을 만드는 일에 착수했다. 먼저 일본식 온수통을 가져다가 연료 탱크로 이용하고 주워온 엔진을 자전거 앞쪽에 부착했다. 하지만 앞쪽 타이어에 큰 파열이 생기고 말았다. 다시 V형 동력 전달 벨트가 뒷바퀴를 끄는 방식인 평범한 엔진 설계를 이용해 새로운 모형을 만들었다.

좀 더 진보한 모형을 소이치로 다음으로 시운전한 사람은 여성이었다. 소이치로는 다름 아닌 아내 사치에게 자신이 만든 모형을 한번 타보라고 부탁했다. 사치의 말에 따르면 소이치로가 자신이 만든 기계를 집으로 가져와서는 새로 만들었으니 한번 타보라고 말하더라는 것이었다. 그러면서 사치는 이렇게 덧붙였다.

"나중에 남편은 제가 장보러 나갈 때마다 너무 힘들게 페달을 밟으며 자전거 타는 모습이 안타까워서 그 기계를 만들었다고 주장했지만 사실은 그럴싸하게 보이려고 둘러댄 소리였죠. 그래도 아주 없는 생각을 꾸며낸 말은 아닐 거예요. 하지만 분명히 남편은 여자가 그런 자전거를 탈 수 있는지 아닌지 알고 싶었을 거예요. 그러니까 전 실험 대상이었던 셈이죠. 남편은 저더러 사람들로 혼잡한 시내 중심가를 한 바퀴 돌고 오라고 했습니다. 그래서 저는 제가 가장 좋아하는 몸빼 바지를 입고 자전거를 타고 나갔습니다."

시운전을 하고 나서 사치는 남편에게 따질 일이 한 가지 생겼다. 실험 대상이 되어서가 아니라 자전거 성능에 대한 문제 때문이었다. 사치는 이렇게 설명했다.

"꽤 오랫동안 시내를 돌고 집으로 돌아와 보니 제가 좋아하는 바지에 온통 기름이 튀어 있는 거예요. 그래서 남편에게 말했죠. 좋지 않다고요. 고객들이 이걸 타고 나면 다시 와서 호통을 쳐댈 거라고요. 그럴 경우 보통 남편은 진정하라고, 호들갑 좀 떨지 말라고 핀잔을 주곤 했는데, 그날은 웬일인지 아마 그럴 거라며 수긍하는 자세였습니다. 평소와는 다르게 아주 고분고분하더라고요."

소이치로가 그렇게 고분고분했던 이유는 이미 자신도 그런 문제를 알고 어떻게 해결하면 좋을지 고심하고 있었기 때문이다. 나중에 소이치로는 옷에 그렇게 기름이 튀는 이유가 뭔지 알아냈다. 엔진에 동력을 공급하는 연료 일부가 기화기를 통해 바람에 날리기 때문이었다. 그래서 엔진을 전부 분해해서 부속품 하나하나까지 모두 살핀 뒤, 자신이 구할 수 있는 최고의 기화기로 교체한 다음 다시 엔진을 조립했다. 그러고 나서 판매에 들어가기 전 최종 시운전으로 마지막 점검을 마쳤다.

이런 과정은 오늘날 차량 출고 후에 실시하는 납품검사의 원조 격이라고 할 수 있으며, 소이치로의 아내가 한 말처럼 제품을 구매한 고객이 다시 와서 호통을 치는 일이 없도록 품질을 보증하는 단계였다.

우리는 다른 은행과는 다릅니다, ING

네덜란드 종합 금융회사 ING 그룹 계열의 ING 다이렉트가 2000년 9월 미국에서 문을 열었다. 애초부터 이 은행은 남다른 행보를 자랑했는데, 초대 대표인 아르카디 쿨만은 이 은행의 독특한 특성에 대해 이렇게 말했다.

"대부분의 금융회사는 어떻게 해서든 소비자들에게 더 많이 돈을 쓰라고 부추깁니다. 하지만 우리는 더 많이 저축할 수 있는 방법을 제시해 줍니다."

ING 다이렉트는 인터넷을 기반으로 하는 저축은행으로서 직원을 두지 않고 소비자와 직접 거래하는 무인은행이며, 몇 가지 이해하기 쉬운 금융상품만 취급하고 있다. 특히 자부심을 느끼는 부분은 빠른 속도, 간편한 거래, 낮은 수수료이며, 금융 전문가들이 아닌 일반 대중을 상대로 한 은행이라는 점을 강조했다.

게다가 이 은행은 다른 은행이 취급하고 있는 사항에 대해 모두 불필요하다고 말한다. 예를 들면 은행 거래를 할 때 최소 예치금은 필요 없으며 수수료를 내지 않아도 된다. 현금 자동입출기도 없고 지점이나 금융 전문가도 볼 수 없다. 당좌예금 계좌나 자동차 구입 대출 같은 상품도 없다. 신용카드 같은 상품이 없는 것은 말할 필요도 없고 오히려 공개적으로 반대하는 운동을 펼치기도 했다. 고객 서비스 책임자인 짐 켈리는 이렇게 말했다.

"금융업에 종사하는 사람으로서 고객이 금융 생활에 변화를 시도할 때 도움을 주고자 한다면 고객이 돈을 잃을지도 모르는 일을 하도록 부추겨서는 안 된다고 생각합니다."

유명한 사례를 하나 들자면, 재산이 많은 어떤 고객이 은행에 찾아와 500만 달러 상당의 거금을 예치하겠다며 거만하게 굴자 ING 책임자는 이렇게 말하며 정중하게 거절했다고 한다.

"불쾌하게 해드리려는 건 아닙니다만, 부유한 미국인들은 플래티넘 카드나 특별한 대우를 받는 데 익숙해 있는 것 같습니다. 저희 은행에는 부유한 사람이라고 해서 특별대우를 한다거나 남다른 요구에 응하지 않습니다. 저희는 모든 고객을 똑같은 방식으로 평등하게 대우하고 있다는 점을 알려 드립니다."

이와 비슷하게 ING는 고객 서비스에 너무 자주 전화 상담을 한다거나 절차를 무시하고 비상식적인 요구를 하는 등 은행이 정한 규칙과 방침에 어긋나는 고객 3,500명 정도를 해마다 거부하고 있다고 한다. 물론 ING도 그에 따른 부정적인 영향을 예측 못하는 것은 아니지만 그 정도는 받아들일 수 있다고 쿨만은 말했다.

"어차피 우리 입장을 옳다고 믿고 받아주는 고객만이 저희와 거래할 뿐이고 그런 분들이 있어 저희 은행이 더 잘 알려지는 것입니다. 저희 입장에 대해 수긍하지 못하는 고객은 저희를 달갑지 않게 생각할 겁니다. 그런 고객이 어떤 행동을 하는지 아십니까? 만나는 사람마다 저희 은행에 대해 안 좋은 소리를 할 테죠. 그렇다고 나쁠 건 없어요. 어쨌든 그러다 보면 사람들과 이런저런 얘기를 나누게 될 거고, 저희 은행에는 차별이 없다는 말이 자연스럽게 나올 테니까요."

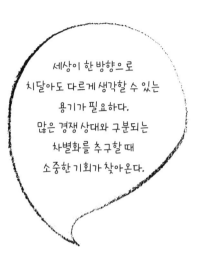

기네스 맥주
하프 로고에 숨은 비밀

기네스 맥주의 창업주인 아서 기네스는 1759년에 아일랜드의 더블린에서 폐허로 있던 한 양조장을 헐값에 9,000년이라는 기간 동안 임대 계약을 맺고 본격적인 맥주 생산에 들어갔다. 그 후 10년도 안 돼 기네스 엑스트라 스트롱 포터라는 맥주를 만들어 호평을 받았고, 영국으로 수출되면서 크게 성공했다. 이 상품이 바로 훗날 기네스 스타우트로 더욱 유명해진 흑맥주다.

맥주가 성공적으로 잘 팔리고 있는 무렵, 1862년이 되자 기네스는 브랜드 이미지를 확고하게 정착시킬 필요를 느꼈다. 그리고 아일랜드의 국가 상징인 켈틱 하프를 선택했다.

아이리시 하프, 브라이언 보루 하프라고도 하는 켈틱 하프는 오랜 역사를 자랑하는데, 그 유래를 알려면 최소한 1,000년은 거슬러 올라가야 한다.

아주 오래전 여러 왕국으로 분열되어 있던 아일랜드 전역을 통일한 브라이언 보루 대왕은 하프를 아주 좋아하고 연주 실력 또한 출중했다고 한다. 12세기 역사에 대한 현존하는 기록을 보면 십자군 전쟁 중에도 켈틱 하프를 연주했고, 또 하프를 연주해야 천국에 갈 수 있다는 말을 할 정도로 아일랜드 사람들은 하프에 대한 애정이 대단했다. 그래서 아일랜드를 상징하는 기호로 하프를 사용하는 경우가 많았다. 켈틱 하프는 전통, 아일랜드, 즐거움을 뜻하는 거의 완벽한 상징이었기에 아서는 1876년에 하프를 그려 넣은 마크를 상표로 등록했다.

그리고 기네스 맥주는 순항을 거듭했다. 1922년, 아일랜드가 독립 국가를 선언하고 아일랜드 자유국 정부가 공식적인 국장(國章)으로 켈틱 하프를 사용하겠다고 할 때까지는 말이다.

기네스 맥주는 새로운 정부에 반대 의사를 표하느냐 아니면 150년이 넘는 세월 동안 회사를 대표하던 하프를 포기하느냐 하는 진퇴양난에 빠지고 말았다.

어느 것도 선뜻 결정할 수 없는 상황에서 우연히 거울에 비친 모습을 들여다보던 누군가가 명쾌한 해답을 내놓았다. 하프의 좌우를 바꾸면 어떻겠느냐는 것이었다. 그보다 더 깔끔하고 영리한 방법이 어디 있을까 싶었다. 정부 역시 그 제안에 기꺼이 동의했다. 아일랜드 정부로서도 그것이 입장을 180도 전환한 첫 번째 사례가 아니었을까? 이런 사연으로 지금까지 기네스 맥주 하프는 직선으로 이루어진 공명통이 늘 왼쪽 방향으로 세워져 있고 아일랜드 국장 하프는 항상 오른쪽 방향으로 디자인되어 있다.

아일랜드 공식 하프는 대통령 직인, 여권, 아일랜드 공화국기는 아니어도 아일랜드 공화국 동부에 있는 렌스터의 깃발, 아일랜드 유로 동전, 아일랜드 국립대학 같은 몇몇 유명한 국영기관 로고에 등장한다. 한편 기네스 맥주의 로고는 하프 그림과 브랜드 이름, 아서 기네스의 유명한 서명으로 이루어져 있다.

브랜드 정체성과 이미지를
구축하는 일만큼 그것을
유지하는 일도 중요하다.
당신은 브랜드 정체성의
핵심 요소를 제대로
보호하고 있는가?

회사 철자를 잘못 썼어요, 구글

구글의 공동 창업자인 래리 페이지와 세르게이 브린은 1995년에 스탠퍼드 대학교에서 만났다. 그리고 1996년에는 웹상에서 링크된 정보를 분석하여 개별 웹사이트의 중요도를 알아내는 검색 엔진을 개발했다. 두 사람의 초기 프로젝트 이름은 '백럽backrub'이었다. 이는 특정 웹사이트를 가리키는 백링크를 분석하는 특별한 기능을 의미했다.

그런데 아무리 생각해도 백럽이라는 이름은 그리 좋아 보이지도, 쉽게 와 닿지도 않았다. 물론 흔하지 않고 독창적인 것만은 분명했지만 세르게이와 래리는 수없이 많은 웹사이트를 링크해서 제공하려는 서비스와 어떤 식으로든 연관

된 이름이라면 좋겠다고 생각했다.

한참을 고민한 결과 어마어마한 수를 상징하는 한 단어를 찾아낼 수 있었다. 두 사람이 어렵게 고른 이름은 10의 100제곱, 다시 말해 1에 0이 100개가 붙은 수를 뜻하는 '구골googol'이었다. 여기에는 엄청나게 많은 웹사이트를 검색한다는 의미가 담겨 있다.

두 사람은 그 이름이 아주 마음에 들었다. 무엇보다 자신들이 품은 포부의 크기를 아주 적절하게 나타내주는 것 같았기 때문이다. 게다가 앞으로 두 사람의 사업 강령과도 아주 잘 어울리는 듯했다. 즉, '전 세계의 정보를 조직하고 사람들이 조직된 정보에 자유롭게 접근해 유용하게 쓸 수 있도록 만드는 것'이 이들의 목표였다.

하지만 그 이름은 또 한 번 예기치 못한 변화를 겪게 된다. 두 사람이 하고자 하는 일에서 가능성을 포착한 일부 투자자 가운데에 아주 선견지명이 있는 사람이 있었다. 하지만 철자법은 사업 감각만큼 훌륭하지 않았나 보다. 두 사람에게 수표를 써주면서 구골을 '구글google'이라고 작성한 것을 보면 말이다. 하지만 세르게이와 래리는 왠지 구글이 더 마음에 들었고, 이로써 역사에 길이 남을 이름이 탄생했다.

전투에서 시작한 리큐르가
왕실에 도착하기까지

컬로든 전투는 재커바이트(명예혁명 후에 망명한 스튜어트 왕조의 제임스 2세와 그 자손을 영국 정통 군주로서 지지한 정치 세력: 옮긴이) 세력이 잉글랜드 군대를 상대로 벌인 마지막 전투였다. 1746년 4월 16일, 프린스 찰리라는 별칭으로 더 많이 알려진 찰스 에드워드 스튜어트 왕자가 거느린 재커바이트 군대는 스코틀랜드 북부 고지대인 하일랜드의 인버네스 근처에서 하노버 왕조의 컴벌런드 공작이 지휘하는 잉글랜드 군대와 맞서 싸웠다.

컬로든 전투는 영국 땅에서 일어난 마지막 대격전으로 많은 사람에게 기억되고 있지만 어떤 사람들에게는 또 다른 이정표를 의미하기도 했다. 그 전투는 세계에서 가장 유명한 리큐르(독한 술에 과일이나 허브 향을 입힌 것: 옮긴이) 브랜드인 '드람뷰이'가 오랜 여정을 시작하는 최초의 발단이었다. 그 전투를 계기로 드람뷰이는 스카이섬에서 버킹엄궁전까지, 다시 말해 한 왕조에서 다른 왕조까지 171년에 걸친 장구한 여행을 시작했다.

전투에서 참패한 보니 프린스 찰리는 전장에서 달아났지만 하일랜드를 거쳐 스코틀랜드 서부에 자리 잡은 스카이섬까지 왕자를 따르는 무리가 있었다. 전투 내내 왕자는 하일랜드에 거주하는 많은 씨족의 도움을 받았는데, 그중에는 매키넌이라는 씨족이 있었다. 왕자가 바다를 건너 스카이섬까지 안전하게 도망칠 수 있도록 도와준 사람도 매키넌 씨족의 대장인 존 매키넌이었다.

매키넌 대장의 도움으로 드디어 스카이섬에서 안식을 얻은 왕자는 감사의 표시로 자신이 좋아하는 리큐르의 제조 비법을 매키넌에게 전수해 주었다. 이 비법은 매키넌 씨족이 자손 대대로 소중히 여기게 될 귀한 선물이었다.

그로부터 100년이 지나 그 비법은 스카이섬에서 브로드포드호텔을 운영하는 존 로스에게 전해졌다. 그리고 존 로스는 비법을 보완하고 수정해서 오늘날 유명한 드람뷰이를 탄생시켰다. 그때 한 지역민이 이 술을 처음 맛보고 '만족을 주는 술'이라고 칭찬했는데, 이 말은 스코틀랜드 켈트어로 표현하면 'dram buidheach'이고 다시 줄이면 드람뷰이Drambuie가 된다. 칭찬에 한껏 고무된 존 로스는 1893년 드람뷰이를 브랜드 이름으로 정했다.

하지만 20세기 초, 존은 젊은 나이로 세상을 떠나고 존의 아내는 자식들의 교육비를 마련하기 위해 드람뷰이의 제조 비법을 넘길 수밖에 없었다. 그런데 우연하게도 그 비법을 사들인 사람이 다름 아닌 매키넌 일가에 속한 말콤 매키넌이었다.

1900년에도 드람뷰이의 여정은 계속되었다. 말콤은 와인과 증류주를 거래하기 위해 스카이 섬에서 에든버러로 향했다. 그곳에서 리큐르의 가능성을 알아본 말콤은 1909년, 드람뷰이 리큐르 회사를 설립하고 병으로 포장된 드람뷰이 상품을 생산했다. 오래지 않아 드람뷰이는 폭발적 인기를 끌면서 남쪽 잉글랜드로 여정을 이어갔다. 그러다가 1916년에는 영국 상원 지하 저장고로 납품되는 최초의 리큐르가 되었다. 그리고 1년 뒤에는 버킹엄 궁전에서 한 상자를 주문함으로써 찰리 왕자가 좋아한 리큐르는 긴 여정을 끝내고 다시 왕가로 돌아갈 수 있었다.

대부분 명품이라고 불리는
상품은 그 반열에 오르기까지
기나긴 세월이 필요했다.
언젠가는 타오를 것이라는 믿음을
포기하지 않은 결과였다.

처칠과 승리의 맥주

제2차 세계대전 때에 리더십을 발휘하며 영국을 이끈 지도자 윈스턴 레너드 스펜서 처칠 경은 일생 동안 많은 상과 칭송을 받았다. 총리로서는 유일하게 노벨 문학상을 수상했고, 영국인으로서는 처음으로 평생 미국과 우호관계를 유지한 사실을 기념해 존 F. 케네디 대통령으로부터 미국 명예시민 자격을 받았다.

제2차 세계대전이 발발하면서 덴마크는 독일군의 대대적인 침공을 당했고 영국을 포함한 연합군이 독일을 패망시킬 때까지 인적으로나 물적으로 엄청난 피해를 입었다.

전쟁이 종결되고 나서 처칠은 1950년 덴마크 코펜하겐을 방문한 적이 있었다. 전쟁 당시에 덴마크를 위해 애써준 처칠에게 경의를 표하기 위해 덴마크의 유명한 맥주회사인 칼스버그는 처칠 방문 기념으로 새로운 맥주를 만들기로 결정했다. 덴마크에는 대관식이나 왕실 가족의 탄생 같은 특별한 사건을 축하하기 위해 새로운 술을 빚는 전통이 계승되고 있었는데, 처칠 기념 맥주 역시 그런 전통을 따르는 행위로 볼 수 있었다.

칼스버그는 처칠이 좋아하는 술은 맥주가 아니라 코냑이라는 정보를 입수했다. 하지만 그런 사실을 안다고 해서 의욕을 상실할 필요는 없었다. 오히려 그 점을 활용해서 영감을 발휘해 보기로 했다. 칼스버그는 코냑의 맛을 맥주 안에서 느낄 수 있도록 보통 맥주보다 강하게 알코올 도수를 9퍼센트로 높인 맥주를 만들었다. 그런 다음 새로 주조한 맥주 이름을 'V비어'로 지었는데, 이는 한마디로 말해 유럽 전승기념일 Victory in Europe 및 대일본 전승기념일 Day Victory over Japan Day 을 상징하는 이름이었다.

처칠이 영국으로 돌아간 후 칼스버그는 V비어 두 상자를 처칠의 런던 집으로 보냈다. 남다른 판단과 감각을 자랑하고 노련한 정치가이자 외교관인 처칠이 그 선물을 받고 칼스버그 측에 감사의 편지를 보내온 것은 당연한 일이었다. 처칠은 특별히 '기념 라거'라는 표현을 사용해 정중한 인사를 전해 왔다.

처칠 기념 일회용으로 끝내기에는 아쉬웠던지 칼스버그는 그 후 V비어를 '부활절 맥주'로, 그 다음에는 알코올 도수를 약간만 낮춰 '부활절 칼스'로 이름을 바꿔 덴마크 전역에 판매했다. 그러다가 1950년대 후반에 접어들어 칼스버그는 영국에서도 판매를 시도해 보기로 결정하고 잉글랜드 중부의 노샘프턴에서 생산을 시작했다. 다행히 점점 찾는 사람이 늘어 1970년대에는 영국 전역으로 판매되었고, '칼스버그 스페셜 브루brew'라는 이름을 또 하나 얻게 되었다.

영국의 유명한 소설가이자 시인인 킹즐리 에이미스도 스페셜 브루의 열렬한 팬이었는데, 커다란 맥주잔에다 스페셜 브루와 평범한 칼스버그 맥주를 반반씩 섞어 마시곤 했다. 킹즐리는 스페셜 브루를 마실 때마다 마음속 깊은 곳에서 선의와 온정이 꿈틀거리며 솟아오른다고 표현했다. 1980년에는 배드 매너즈라는 스카 밴드가 '스페셜 브루'라는 제목의 싱글 앨범을 발표해 13주 연속 영국 팝차트에 오르며 커다란 인기를 끌기도 했다.

'저스트 두 잇'의 탄생

댄 와이텐은 유능한 광고인이자 타고난 이야기꾼이다. 댄이 가장 즐겨 하는 이야기는 세계에서 가장 유명해진 광고 카피가 어떻게 탄생했는지에 대해 설명하는 것이었다. 그 일화는 '기이한 요소를 광고 제작에 활용해' 긍정적인 효과를 거둘 수 있었던 흥미로운 사례에 해당한다. 문제의 유명한 광고 카피는 나이키 광고를 의미하며, 기이한 요소는 유명한 카피를 탄생시킨 영감의 기원, 바로 희대의 살인범 게리 길모어가 1977년 사형당하기 직전에 남긴 마지막 말을 가리킨다.

폭력을 일삼던 아버지 밑에서 자란 게리 길모어는 10대에 접어들면서 소년원과 감옥을 들락거리다가 1976년에는 이틀에 걸쳐 시민 두 명을 총으로 살해하는 범죄를 저질렀다. 체포된 후에는 아무 이유 없이 그저 죽이고 싶어서 죽였을 뿐이라고 증언하여 미국 사회를 또 한 번 경악하게 만들었다. 게리가 저지른 살인 때문에 1972년부터 집행이 중지되었던 사형제가 부활되고 대법원은 게리의 사형을 확정했다. 게리는 미국의 사형제를 부활시키고 부활 이후 처음이자 마지막으로 사형이 집행된 인물이다.

1988년 댄 와이덴은 나이키를 위한 새로운 광고 시안을 준비하고 있었다. 댄과 동료들은 다양한 스포츠에 도전하는 운동선수들의 모습을 담아 데모 영상을 어느 정도 완성했다. 그런데 문제는 영상을 힘있게 정리해줄 마지막 슬로건이었다. 게다가 의뢰 예정인을 만나 프레젠테이션을 선보여야 하는 날짜는 빠르게 다가오고 있었다.

어느 날 밤, 늦도록 잠을 못 이루고 고심하던 댄에게 문득 게리 길모어에 대한 사건 기록이 스쳐 지나갔다. 그날 밤 상황을 댄은 이렇게 묘사했다.

"한밤중에 나는 책상에 앉아 게리 길모어가 어떻게 죽었는지 기억을 더듬어보았다. 그자는 유타주에서 살인을 범한 뒤 법정에서 사형을 선고받았다. 그리고 사형 집행인들은 그자를 총살대 앞으로 끌고 갔다. 머리에 두건을 뒤집어씌우기 직전에 목사가 마지막으로 하고 싶은 말이 있는지 물었다. 그러자 길모어는 잠시 침묵을 지키더니 '자, 시작합시다Let's do it'라고 말했다.

그와 같은 얘기를 방송과 신문에서 접하며 이런 생각을 한 기억도 났다.

'빌어먹을, 용기가 하늘을 찌르는군. 빨리 사형시켜 달라고 요구하고 있으니 말이야.'

그런 기억을 떠올리면서 나는 다시 운동화 광고를 생각하기 시작했다. 사실 난 게리 길모어의 최후진술이 마음에 들지 않았다. 그래서 조금 다르게 고쳐서 종이 위에 써보았다. '일단 시작하라.Just do it.' 그 문구를 보자마자 나는 깨달았다. 그게 바로 내가 찾던 슬로건이라는 사실을."

영감은 때때로 예기치 않은 순간에 떠오른다. 좋은 생각이 안 떠오를 때에는 전혀 다른 일을 하는 것도 현명한 방법이다.

피아니스트도 가입한
트럭 찾기 팬클럽

'에디 찾기'는 일종의 컬트 게임으로, 영국에서 회원 수가 2만 명이 넘는 팬클럽을 자랑한다. 게임 방식은 에디 스토바트라는 금색 글자가 적혀 있고 초록색과 하얀색, 빨간색이 섞인 독특한 모양의 화물차를 찾는 것이다. 에디 스토바트는 본사가 잉글랜드 칼라일에 있는 화물 수송회사의 이름이다.

영국의 유명 피아니스트인 줄스 홀랜드를 비롯해 많은 팬들은 여행길마다 가급적 최대한 많은 화물차를 찾으려고 서로 경쟁한다. 팬이든 아니든, 일단 게임이 시작되면 에디 스토바트의 화물차를 찾기 시작한다. 운전기사에게 손을 흔들어주면 대답으로 경적소리를 들어야 게임이 끝난다.

에디 스토바트 이야기는 에디가 농업 관련 하청회사를 설립하는 1950년대부터 시작된다. 하지만 사업이 본격적으로 성장하기 시작하는 것은 에디의 아들 에드워드 스토바트가 14세에 학교를 그만두고 회사 일을 돕게 되면서부터다.

에드워드가 처음으로 한 일은 화물차를 가동할 수 있도록 새로운 수송 일감을 찾는 것이었다. 사업 자체가 워낙에 계절을 많이 타는 일이라 쉽지 않았지만 에드워드는 능력을 발휘해 나갔고 곧이어 사업 규모도 커지기 시작했다. 에드워드가 20세가 되는 1975년에는 에디 스토바트라는 이름을 내걸고 여러 운송 업무를 전담하는 화물 수송회사로 자리를 잡았고, 1년 후에는 칼라일에 있는 대규모 창고로 이사했다. 1980년 무렵에는 화물차가 25대로 늘어나고 직원도 35명이나 되는 회사로 성장했다.

사업은 꾸준히 성장을 거듭해 점차 하청을 받는 일에서 벗어나 애완동물 사료회사인 스필러스와 금속 전문업체인 메탈박스 같은 제조회사들과 직접 거래하는 방식에만 집중할 수 있었다. 성공의 비결은 어떤 주문이든 절대 거절하는 일 없이 열심히 일하는 데 있었고, 그 결과 약속한 시간에 정확히 배달하는 회사라는 평판을 얻었다.

또 한 가지 비결은 브랜드 이미지가 무엇보다 중요하다

는 믿음에 있었는데, 에드워드는 그런 생각을 한 배경에 대해 이렇게 설명했다.

"화물 운송업을 얘기하면 지금까지 오랫동안 거칠고 무책임하다는 이미지가 먼저 떠올랐습니다. 대체로 트럭이나 용달차 운전기사들은 뜨내기 일꾼이나 부랑자로 떠돌다가 일을 맡는 경우가 많았기 때문입니다. 저는 이 사업을 제대로 하려면 서비스를 비약적으로 향상시키는 일이 시급하다고 생각했습니다. 그래서 다른 사업체에도 모범이 될 만한 몇 가지 규칙을 도입하게 되었죠."

화물 운송업계의 일반적 관행을 깨고 친절과 봉사, 단정하고 깨끗한 외관으로 직원들을 무장시킴으로써 에드워드는 고객에게 강력한 브랜드 이미지를 심어줄 수 있었다. 나아가 전체 화물 운송업계의 얼굴을 바람직한 방향으로 뜯어 고칠 수 있었다. 에드워드는 이렇게 주장했다.

"이미지는 영국에서 무슨 일을 하든지 매우 중요한 무기입니다. 첫인상을 심어주는 기회는 오직 한 번뿐입니다. 기본적인 예의를 갖추어야 하고 언제 어디서나 공손해야 합니다. 이제 운전기사들도 그런 이미지를 갖추어야 합니다."

에드워드는 직원들에게 정중하고 예의 바른 이미지를 강조하면서 넥타이와 깔끔한 초록색 상의를 입게 했다. 근무 중에 규정대로 옷을 입지 않고 있다가 걸리면 징계 처분을 내렸다.

하지만 단지 넥타이를 매고 일한다고 해서 에디 스토바트의 화물차와 운전기사가 눈에 띈 것은 아니었다. 직원들은 각자 몰고 다니는 화물차를 항상 깨끗하게 유지해야 했는데, 화물차마다 모두 여자 이름을 붙여놓은 점도 흥미로웠다. 에드워드는 넥타이와 유니폼 자체가 중요한 사항이 아니라 그렇게 갖춰 입으면 스스로 규율을 정하고 지키게 된다고 설명하면서 이런 말을 덧붙였다.

"바람직하고 효율적인 방식으로 운영해 나간다면 적은 비용으로 조직을 꾸려 나갈 수 있습니다. 우수한 품질과 적절한 규칙은 비용을 낮추는 데 상당한 도움이 됩니다. 실제로 직원들이 차량을 깨끗하게 관리하고 유니폼을 입은 다음부터 우리는 전체 비용을 줄일 수 있었습니다. 그렇게 할 여유가 없다고 얘기하는 이들이야말로 정말 어리석은 사람이죠."

마지막으로 이 회사가 두드러질 수 있었던 또 한 가지 중요한 비결이 있다. 에드워드는 직원들에게 지나가는 사람이 손을 흔들거나 신호를 보내면 같이 손을 흔들어주고 우렁찬 경적소리로 화답하도록 항상 당부했다.

그 결과 '에디를 찾는 사람들'이 생겨났고, 그 다음에는 팬클럽과 에디 스토바트 기념품까지 등장하게 되었다. 영국에서 고속도로를 달릴 기회가 생긴다면 눈을 부릅뜨고 에디 스토바트의 화물차를 찾아보길 바란다. 그러면 어디선가 한 대쯤 발견할 수 있을 것이며, 손을 흔들고 경적소리를 들으면 에디 찾기 게임이 끝나는 것이다.

브랜드 이미지와 그것이 남기는 인상은 기업의 운명을 좌우할 수 있다. 그러므로 브랜드가 추구하는 이미지를 세심하게 기획하고 성실하게 실현해야 한다.

스페인 왕자를 살린 럼주

바카디는 세계 최대의 출하량을 자랑하는 영국의 프리미엄 럼주 브랜드다. 1814년 10월 스페인에서 태어난 돈 파쿤도 바카디 마소는 열다섯 살 무렵 쿠바 산티아고로 이주했다. 그곳에서 와인 상인으로 일하며 살던 돈 파쿤도는 어느 날 문득 럼주를 잘 만들면 앞으로 발전 가능성이 있을 것 같다는 생각이 들었다.

하지만 그런 생각은 누가 들어도 납득이 안 가는 얘기였는데, 당시 럼은 거칠고 맛없는 싸구려 술로 인식되어 상류층에서 외면당했기 때문이다. 동료들도 대부분 별로 좋은 생각이 아니라며 손사래를 치고 항구로 들어오는 해적들이나 사마실 거라고 핀잔을 주었다.

하지만 돈 파쿤도는 새로운 럼을 만들기 위해 여러 가지 실험을 거듭했고 마침내 자신이 찾던 새로운 제조 과정을 발견했다. 깨끗한 숯에 여과하고 난 다음 떡갈나무 통에 저장하여 증류시키는 방법이었는데, 그렇게 하면 불순물을 제거할 수 있을 뿐만 아니라 더욱 부드럽고 향이 좋은 럼을 얻을 수 있었다. 화이트 럼과 세계적인 주류 브랜드 바카디가 탄생하는 순간이었다.

새로운 제조법을 터득한 돈 파쿤도는 인근의 작은 폐양조장을 매입해서 본격적인 생산에 들어갔다. 그런데 양조장을 사들이고 보니 건물 서까래에 엄청나게 많은 박쥐가 살고 있다는 사실을 알게 되었다. 잠시 고민을 하던 돈 파쿤도는 박쥐를 없애는 일도 쉽지 않을 것 같아서 그대로 놔두기로 결정했다. 게다가 나중에는 브랜드 상징으로 박쥐를 이용하게 된다.

쿠바 사람들에게 박쥐는 건강과 행운, 가족의 화합을 상징한다. 19세기경 쿠바는 문맹률이 매우 높기 때문에 새로운 상품을 잘 알리려면 사람들이 쉽게 알아볼 수 있는 시각적인 상표가 필요했다. 기억하기에 좋은 로고로 박쥐만큼 적당한 것은 없을 것 같았다.

박쥐 외에도 바카디 병에는 또 한 가지 상징이 보이는데, 바로 스페인 왕실의 문장이다. 이 문장은 바카디 럼이 스페인 여왕인 마리아 크리스티나, 아니 정확하게는 여왕의 아들인 알폰소 13세 왕자의 병을 낫게 해준 뒤 로고에 새로 추가된 것이었다.

1892년 알폰소 왕자는 심한 유행성 감기에 걸려 몸져눕게 되었다. 온갖 방법을 다 써보아도 병이 나아질 기미가 안보이자 최근에 쿠바를 다녀온 왕실 주치의가 돈 파쿤도의 럼주를 마셔볼 것을 제안했다. 그날 밤 럼주를 한 잔 마신 왕자는 며칠 만에 처음으로 깊고 편안한 잠을 잘 수 있었고 다음 날 아침에는 열도 다 내리면서 병이 호전되는 놀라운 일이 벌어졌다.

그 후 스페인 왕실은 훌륭한 럼주를 만들어 왕자의 목숨을 구해 준 데 대한 보답으로 바카디 럼의 상표에 스페인 왕실의 문장을 사용해도 좋다는 허가를 내렸다. 그날 이후 바카디 럼은 스페인 왕가에 꾸준히 공급되었으며, '럼주의 왕, 왕실의 럼'이라는 슬로건을 사용하기도 했다.

로고에서 이미지가
발휘하는 힘은 언어를 능가한다.
브랜드와 관련된 이미지 개발은
신중하고 탁월해야 한다.

나이키의 소셜미디어 대응 실수

나이키 신발을 맞춤형으로 주문할 수 있는 나이키 아이디 서비스가 시작되었다. 이런 서비스를 이용하면 고객은 약간의 추가요금을 내고 색상, 천, 가죽, 밑창, 신발끈 등을 자신의 취향과 필요에 따라 선택할 수 있을 뿐만 아니라 나이키 부메랑 로고 아래에 원하는 글자를 새겨 넣을 수도 있다.

나이키 아이디 서비스 홈페이지에 가면 '원하는 모양이 있다면 직접 만들어보세요'라는 문구를 볼 수 있다. 이런 시도는 다양한 개성을 표현하고 싶어 하는 고객의 요구에 부응하는 적절한 해결책인 것처럼 보였다. 또한 이런 주문 제작 서비스를 통해 소비자들은 나이키의 유명한 광고 슬로건인

'일단 시작하라Just do it'를 실천할 수 있으니 기업과 고객 모두에게 의미 있는 일이 아닐 수 없었다. 이는 나이키가 소비자들에게 상품에 대한 주도권을 나누어주는 행위라고 할 수 있다.

모든 일이 순조롭게 진행되는 듯 보였다. 그러던 어느 날 조한 페레티라는 미국 학생이 '노동 착취 공장sweatshop'이라는 글자를 새긴 운동화를 주문했다. 그는 나이키가 동남아시아에 있는 공장에서 아동 노동을 착취하고 있다는 사실을 비판하기 위해 이 같은 주문을 한 것이다.

잘못 하다가는 여론 재앙에 휘말릴 가능성이 있었다. 나이키는 불리한 여론이 형성되는 것을 피하기 위해 신속하고 단호한 조치를 취했다. 비속하고 부적절한 어휘를 사용하는 것은 바람직하지 못하다고 언급하며 조한 페레티의 요청을 딱 잘라 거절한 것이다.

나이키는 문제가 그렇게 마무리되기를 바랐다. 하지만 불행히도 그렇게 간단히 끝날 일은 아니었다. 학생과 나이키 사이에 이메일 공방이 이어졌다. 학생은 그런 결정이 타당하지 않다고 주장했고, 이에 대해 나이키는 입장을 바꿀 수 없다고 버텼다.

결국 조한 페레티는 자신이 요구한 단어를 거부할 권리

가 나이키에 있다는 사실을 인정했다. 대신 '열 살짜리 베트남 소녀가 공장에서 신발을 만드는 모습을 담은 사진 한 장'을 보내 달라고 나이키에 요청했다.

당연히 그의 마지막 요청도 묵살당했다. 기분이 상한 조한 페레티는 나이키와 주고받은 메일 전부를 친구와 지인들에게 복사해 보냈다. 그때부터 수천 명이 넘는 누리꾼이 이 복사본을 주고받았다. 누군가는 이렇게 말했다.

"그 메일은 마이클 조던이 출연한 나이키 광고보다 훨씬 더 멀리, 더 빨리 전 세계로 퍼져 나갔습니다. 나이키는 광고를 위해 전 세계 노동 착취 공장 노동자들이 받는 임금을 모두 합친 것보다 더 많은 돈을 조던에게 광고료로 지불했지만요."

당신은 소셜 미디어가 낳을 수 있는 위험과 파장에 대해 제대로 관리하고 있는가?

타이어도 환불해주는 백화점

미국 알래스카주 페어뱅크스에 있는 노드스트롬 백화점 밖에서 한 중년 남자가 수레에 타이어를 실은 채 이리저리 끌고 다니고 있었다. 그러다가 남자는 잠시 멈춰 서서 창문을 통해 백화점 안을 유심히 살펴보았다. 어쩐지 좀 당황한 기색이었지만 곧 다시 이리저리 배회하기 시작했다.

몇 분이 지나 드디어 남자는 노드스트롬 백화점 안으로 들어가 가까운 계산대 가운데 한 곳으로 타이어를 실은 수레를 끌고 갔다. 그곳에 있던 점원이 환하게 웃으며 말했다.

"좋은 아침입니다. 무엇을 도와드릴까요?"

그때 점원이 전혀 눈치 채지 못하는 사이에 백화점 공동 설립자인 존 노드스트롬과 백화점장이 조용히 뒤로 다가와서 두 사람을 흥미롭게 지켜보았다. 남자가 약간 당황한 표정으로 이렇게 말했다.

"아, 네, 제가 이 백화점에서 타이어를 하나 샀는데 타이어를 끼워 맞출 시간이 도저히 안 되는군요. 이제 더 이상 필요 없을 것 같아서 반품을 좀 하고 싶은데요."

하지만 그곳은 여러 가지 남녀 의류와 패션 소품을 파는 백화점이지 자동차 관련 용품을 파는 상점이 아니었다. 특히 누가 봐도 타이어와는 전혀 관련이 없는 곳이었다. 그렇지만 점원은 남자에게 이렇게 물었다.

"영수증을 가지고 계신가요?"

그러자 남자가 대답했다.

"아니요, 지금 없는데요."

"아, 그러세요. 그러면 타이어 가격이 얼마였는지 기억하십니까?"

"25달러 정도였던 것 같습니다."

"네, 알겠습니다."

그러면서 점원은 현금 서랍에서 25달러를 꺼내 남자에게 건네주었다. 남자는 밝게 웃으며 점원에게 감사하다는 인사를 한 뒤에 백화점을 나섰다. 존과 백화점장이 서로 한 번

쳐다보더니 곧장 점원에게 다가가 이렇게 말했다.

"잘했어요."

자기 회사가 판매하지도 않은 상품에 대해 반품을 해주었다는 이유로 회사 간부로부터 칭찬을 받는다면 조금 이상하게 보이겠지만 여기에는 주목해야 할 사연이 있다. 노드스트롬이 지향하는 고객 서비스 방침에는 되새겨볼 만한 깊은 뜻이 담겨 있기 때문이다.

주목해야 할 사연은 이런 것이다. 페어뱅크스에 있는 노드스트롬 백화점은 예전에 노던커머셜 컴퍼니NCC가 소유하고 운영하던 세 상점 가운데 하나였는데, 존 노드스트롬이 NCC를 인수한 것이었다. 그런데 NCC가 백화점 외에 운영한 상점이 바로 자동차 대리점과 타이어 전문점이었다. 아마도 중년 남자는 거기에서 타이어를 구입했을 것이고 따라서 남자가 혼동을 일으킨 것도 무리는 아니었다.

다음은 노드스트롬의 고객 서비스 방침이다. 1901년 설립 당시부터 노드스트롬은 고객 서비스에 대해 자부심을 가졌고, 이제는 노드스트롬 하면 서비스 그 자체로 인식될 정도가 되었다. 한 가지 예를 들면 절대로 '노'라고 트집 잡지 않는 관대한 환불정책이 유명하다. 환불을 원하는 사람은 노드스트롬에서 취급하는 상품에 대해 반드시 영수증을 제시할 필요도 없다. 또한 판매 직원은 특별 주문 건에 한해 필요하다면 직접 고객의 집까지 배달하는 것으로도 잘 알려져 있다. 직원들은 다방면으로 아는 게 많고 예의도 바르다. 그리고 진정으로 고객을 위하고 돕고자 하는 마음이 느껴지게 한다.

이런 서비스가 가능한 원인은 어디에 있었던 것일까? 그 배후에는 세상에서 가장 흥미로운 직원 안내서가 있었다. 거기에는 이렇게 적혀 있다.

직원 안내서

노드스트롬에서 일하게 된 것을 환영합니다. 진심으로 반갑습니다.

우리의 첫째 목표는 최고의 고객 서비스를 제공하는 것입니다. 개인적이든 직업적이든 목표를 높게 잡으십시오. 우리는 여러분이 반드시 그 목표를 달성할 수 있을 것이라고 믿습니다. 우리가 정한 직원 안내서는 매우 간단합니다. 우리에게는 오직 한 가지 규칙만 있습니다.

제1규칙: 모든 상황에서 스스로 최선이라고 판단한 일을 하십시오.

이 밖에 다른 규칙은 없습니다. 그리고 백화점 간부나 매장 간부, 인사 담당자 등에게 무슨 문제든 언제나 자유롭게 묻고 요청하십시오.

앞서 예로 든 타이어에 얽힌 이야기는 아주 유명한 일화로, 노드스트롬에서는 직원 교육 차원에서도 자주 언급되는 이야기다. 하지만 그런 일이 실제로 있었는지 아닌지에 대해서는 사실 논란이 분분하다. 또한 이 일화에 대해 여러 버전이 존재하는 것도 사실이지만, 그 직원이 노드스트롬 백화점에서 팔지 않은 타이어를 환불해 주었다는 사실만은 공통으로 다루고 있다. 내가 개인적으로 확인할 수 있었던 것은 앞서 말한 직원 안내서가 실제로 있고 구체적인 내용도 사실이라는 점이다.

나는 2012년 노드스트롬에 편지를 보내 직원 안내서가 현재도 존재하는지 물었다. 그리고 얼마 후 노드스트롬의 제임스 회장이 보내온 답장을 받았다. 편지에서 제임스 회장은 직원 안내서가 현재는 자그마한 카드 형식이긴 하지만 여전히 사내 문화의 하나로 존재하며, 신입사원은 오리엔테이션 날 그 카드를 처음 받게 된다고 말했다. 그러면서 친절하게도 카드 복사본을 함께 넣어주었다.

껌 마케팅의 절반은
브랜드다

윌리엄 리글리가 필라델피아에서 시카고로 이사한 때는 29세로 접어든 1891년이었다. 당시 윌리엄이 수중에 가지고 있던 돈은 고작 32달러가 전부였고, 머릿속은 오로지 아버지의 비누공장에서 제조한 '리글리 세탁비누'를 어떻게 팔아야 할지에 대한 사업 구상으로 가득했다.

드디어 윌리엄에게 좋은 생각이 떠올랐다. 경품을 함께 제공해서 사람들이 비누를 사도록 유도하는 방법이었다. 그리고 처음으로 사용한 경품은 베이킹파우더였다. 그런데 나중에 보니 소비자들이 본 제품보다 경품을 더 좋아한다는 사실을 알게 되었다. 그래서 윌리엄은 비누 사업을 접고 베이킹파우더 사업으로 전환했다. 대신에 경품 제공은 그대로 유지했는데, 이번에는 베이킹파우더 한 깡통을 팔 때마다 껌 두 통을 끼워주기 시작했다.

그런데 이번에도 역시 소비자들은 본 제품보다 경품인 껌에 더 열광했다. 윌리엄은 또다시 방향을 수정해 껌 사업을 시작했고, 그때만 해도 그것이 일생일대의 기회가 될 줄은 몰랐다.

당시에는 이미 껌을 생산하는 선발 회사가 있었지만 시장은 아직 발달하지 않은 상태였다. 윌리엄은 첫 번째 사업 목표로, 여성들만 껌을 씹을 것이라는 고정관념에 도전해 보기로 작정했다. 초기에 만든 두 가지 상품인 스위트식스틴오렌지와 로타껌은 사람들이 껌의 매력에 푹 빠져들도록 하는 위력을 발휘했다. 젊은 층은 물론이고 남녀노소 모두에게 엄청난 인기를 끌었던 것이다.

다음으로 윌리엄은 신제품에 도전했다. 1893년은 또다시 경기 불황이 몰아닥친 시기였지만 윌리엄은 스피어민트와 주시프루트라는 리글리의 새로운 주력 상품을 만들어 출시했다. 경기가 불황인데 누가 껌을 씹겠느냐는 회의론자들의 우려와는 달리 두 제품은 즉각적인 호응을 얻으며 날개 돋친 듯 팔려 나갔다.

경제 상황이 더욱 악화되어 경기 침체에 접어든 1907년에 윌리엄은 또 한 번 무모한 도전장을 던졌다. 자신이 소유한 모든 재산을 담보로 얻은 엄청난 자금을 브랜드 광고에 쏟아부었던 것이다. 그런데 정말 놀랍게도 이번 전략 역시 대성공을 거두었다.

윌리엄은 껌 회사의 성공 여부가 브랜드와 마케팅에 달려 있다는 사실을 아주 잘 알고 있었다. 껌은 초기 자본이 많이 들지 않으므로 누구나 시장에 쉽게 뛰어들 수 있는, 그래서 경쟁이 치열한 상품이다. 이때 중요한 성공 요소가 바로 브랜드라는 점을 윌리엄은 간파했다. 그래서 브랜드 가치를 높이는 전략으로 마케팅에 그토록 엄청난 자금과 갖가지 방법을 동원한 것이다.

한편 윌리엄은 직원들의 권리와 이익을 옹호해 주고자 노력한 사업가 가운데 한 사람이었다. 1916년에는 리글리 시카고 공장에 직원들의 복지와 의료를 담당하는 부서를 만들었고, 1924년에는 직원들에게 주말 휴가를 주기도 했다. 경제의 암흑기에 해당하는 대공황 시기에는 대담하게도 최저임금 수준을 정해서 직원들이 재정적 안정을 누릴 수 있도록 도왔다.

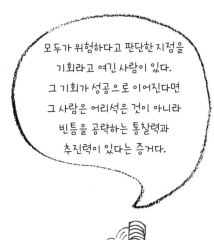

모두가 위험하다고 판단한 지점을
기회라고 여긴 사람이 있다.
그 기회가 성공으로 이어진다면
그 사람은 어리석은 것이 아니라
빈틈을 공략하는 통찰력과
추진력이 있다는 증거다.

브랜드가 지켜야 할 선

월트 디즈니의 조카이자 오랫동안 디즈니에서 최고 중책을 담당한 로이 디즈니는 '브랜드'라는 개념을 별로 좋아하지 않았다. 한 번은 브랜드 이름이나 이미지를 부여하는 작업에 대해 소떼를 분류하는 작업이라고 비하한 적도 있었다. 이런저런 질문을 받을 때마다 로이는 가장 중요한 것은 이야기를 창조하는 일과 이런 이야기를 작품으로 승화시키는 일이라고 강조했다.

하지만 이렇게 브랜드를 불신하는 발언을 여러 차례 했음에도 실제로 로이는 브랜드 수호자의 역할을 누구보다도 탁월하게 수행하고 디즈니 브랜드가 애초에 정한 비전과 신넘에 충실하도록 이끈 인물이다.

로이와 얽힌 여러 일화 가운데 2000년에 있었던 일을 살펴보자. 당시 경제는 침체 상태였고 특히 소비재 분야는 더욱 더 경기 부침에 시달려 디즈니의 매출도 1997년 9억 달러에서 2000년에는 3억 8,600만 달러로 급감했다. 이 시기에 디즈니는 부진한 기업 경영에 활기를 되찾아줄 수 있도록 전 나이키 간부였던 앤디 무니를 경영 일선에 끌어들였다.

앤디의 사고는 급진적이었는데, 어떤 경우에는 지나치다 싶을 정도였다. 프레드 세갈, 바니스, 핫토픽 같은 고급 의류매장에 다양한 '빈티지' 티셔츠를 도입하자는 주장도 앤디의 아이디어였다. 그러면서 티셔츠에 담을 이미지는 디즈니 기록보관소에서 고르자고 제안했다. 하지만 문제는 단순히 이미지가 아니라 이미지를 사용하는 방식에 있었다.

어떤 티셔츠에는 백설공주 그림이 그 아래에 '키 작은 일곱 남자와 어울려 다니다'라는 선정적인 문구와 함께 인쇄되었다. 또 다른 티셔츠에는 거울 앞에 서서 엉덩이를 유심히 살피는 팅커벨 사진이 인쇄되었다.

그런 티셔츠를 보고 마음이 상한 로이는 쪽지에다 "당신은 팅커벨을 창녀로 만들고 있군요"라는 말을 써서 앤디에게 보냈다.

'가족과 함께 즐기는 멋진 세계'에 헌신하는 브랜드답지 않게 앤디의 발상은 도를 넘어 있었다. 로이는 결코 그런 용어를 사용하지는 않았지만 이렇게 말하고 있는 것이나 다름없었다.

"그만두게, 당신은 우리 브랜드에서 너무 벗어나버렸어."

당연히 티셔츠 제작은 즉시 철회되었고 앤디는 무례한 계획에 대해 사과하지 않을 수 없었다.

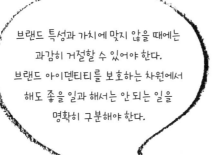

브랜드 특성과 가치에 맞지 않을 때에는
과감히 거절할 수 있어야 한다.
브랜드 아이덴티티를 보호하는 차원에서
해도 좋을 일과 해서는 안 되는 일을
명확히 구분해야 한다.

innovation

"가구가 차에 안 들어가면 분해하지 뭐", 이케아

스웨덴의 다국적 가구 기업인 이케아 웹사이트에 들어가면 이케아 브랜드의 비전과 경영철학을 읽을 수 있다.

"이케아의 비전은 더 많은 사람들이 매일매일 더 나은 생활을 가꾸어가도록 돕는 것이다. 사업 계획 역시 이런 비전을 실천하는 일로서 훌륭한 디자인에 실용성을 갖춘 다양한 홈퍼니싱 제품을 최대한 저렴한 가격으로 제공함으로써 가능한 한 많은 사람들이 좋은 제품을 쉽게 구입할 수 있게 하는 것이다."

무엇보다 이케아 사업의 주안점은 저렴한 가격이었는데, 많은 사람들이 좋은 디자인과 실용성을 갖춘 홈퍼니싱 제품을 사용하게 만드는 가장 중요한 요소이기 때문이다. 이런 저렴한 가격을 유지하기 위해 동원된 여러 방법 중에서 가장 중요한 역할을 한 것은 조립식 가구였다. 작은 차에 탁자가 실리지 않아 다리를 떼어본 게 그런 가구를 만들게 된 계기였다는 사실도 참으로 흥미롭다.

이케아 이야기는 1943년에 시작된다. 잉바르 캄프라드는 아버지한테 사업 자금을 지원받아 회사를 차리고, 회사 이름을 자기 이름의 첫 글자인 I와 K, 자신이 태어나서 자란 농장과 마을 이름인 엘름타리드와 아군나리드의 첫 글자인 E와 A를 합쳐 이케아IKEA라고 지었다. 그렇게 해서 전 세계에서 유명해진 브랜드 이름이 탄생하게 되었다.

처음에 잉바르는 집집마다 찾아다니며 갖가지 제품을 팔았다. 볼펜과 지갑에서부터 시계, 나일론 스타킹에 이르기까지 판매 목록이 다양했는데, 호응이 아주 좋아서 더 이상 개인적인 판매만으로는 감당하기 벅찬 지경이 되었다. 잉바르는 사업 모델을 변경하고 지역 신문에 광고를 싣기 시작했다. 그와 동시에 임시로 우편 주문 서비스도 운영하면서 지역의 우유 배달 승합차를 빌려 판매할 제품들을 근처의 기차역으로 실어 날랐다. 1945년에는 여러 제품을 설명하고 홍보하는 초보적인 수준의 카탈로그도 제작했다.

1947년에는 가구도 팔았는데, 중요한 판매 수단이 되었던 카탈로그에 지역에서 만든 가구들을 올려 호평을 받기 시작했다. 그러다가 1951년부터는 다른 제품 판매를 중단하고 가구 판매에만 주력하게 되었다.

1953년에는 지역에서 날로 심해지는 판매 경쟁에 대응하느라 알름홀트 지역에 처음으로 가구 전시장도 열었다. 하지만 경쟁 업체의 압력으로 제조사한테서 물건을 공급받을 수 없게 되자 1955년부터는 가구를 직접 디자인하고 제조하기 시작했다. 그로부터 얼마 지나지 않아 이케아의 앞날에 결정적인 역할을 한 바로 그 사건이 일어났다.

이케아 가구 전시장에서 일하는 직원 한 명이 어느 날 탁자 하나를 구입했다. 저녁이 되어 그것을 집으로 가져가려고 하는데, 차가 너무 작아 뒷좌석에 실리지 않는다는 사실을 깨달았다. 결국 직원은 탁자에서 다리를 떼어낸 후에야 뒷좌석에 겨우 실었고 다행히 별 손상 없이 집으로 가져갈 수 있었다.

그런 일이 있은 후, 잉바르와 디자인팀은 떼고 붙일 수 있어 판판하게 포장이 가능한 가구를 구상하게 되었다고 한다.

1956년 드디어 이케아는 조립식 가구를 제조하기 시작했다. 판판하게 포장하는 플랫 패키지는 포장, 운송, 저장 비용을 절감하는 효과를 낳았을 뿐 아니라 운송 도중 발생할 수 있는 손상을 줄여서 결과적으로 제품의 가격 인하로 이어질 수 있었다. 이는 좋은 제품을 저렴한 가격에 공급한다는 이케아의 비전에 딱 들어맞는 아이디어 상품이었다.

　이렇게 이케아 탁자는 최초의 조립식 가구로 탄생했고 자가 조립용 플랫 패키지 상품은 이케아 고유의 필수 품목으로 자리 잡았다.

집단지성의 힘으로 재기에 성공한
캐나다 금광회사

캐나다 토론토에 위치한 세계 빅3 금광회사인 '골드코프'가 심각한 위기에 빠졌다. 파업은 계속되고 부채는 줄어들 기미를 보이지 않으며, 생산원가는 터무니없이 치솟고 시장 상황도 만만치 않은 가운데 채굴 사업을 중단해야 할지도 모르는 지경에 처한 것이다.

전문가들은 대부분 골드코프가 반세기 동안 채굴해 온 캐나다 온타리오의 레드호 광산이 고갈되고 있다고 진단했다. 상당한 금이 매장된 새로운 광산을 찾지 못한다면 골드코프는 문을 닫아야 하는 상황이었다. 골드코프의 롭 맥이웬 사장은 마지막이 다가오고 있다는 사실을 받아들일 수가 없었다.

그러던 어느 날, 맥이웬 사장은 우연히 강연회에 참석했다가 소스 공개를 통해 전 세계 개발자와 함께 컴퓨터 운영체제를 만들어냈다는 리눅스 얘기를 듣게 되었다. 리눅스 방식에 주목한 맥이웬은 광산업계의 불문율을 깨고 색다른 접근을 시도해 보기로 결심했다. 회사가 소유한 지적 자산을 기밀 사항으로 보호하는 대신에 막대한 비용을 들여 개발한 지질 데이터를 비롯해 여러 소중한 정보와 지식을 모두가 볼 수 있도록 회사 인터넷 웹사이트에 공개하기로 결정한 것이다. 리눅스가 소스를 공개했듯이 탐사 과정을 공개하는 것이 최선일지도 모른다는 생각이 들었기 때문이다.

당시에 이런 시도는 폐쇄적인 사업으로 알려진 광산업 분야에서는 상상도 할 수 없을 정도로 엄청난 도전이자 위험이었다. 하지만 맥이웬은 내부에서 빗발치는 심한 반발과 우려를 뿌리치고 220평방킬로미터 규모의 광산에 대한 총 400메가바이트어치의 정보를 웹사이트에 게재했다.

맥이웬은 전 세계 누리꾼들에게 금광을 찾는 탐사에 참여하도록 촉구했다. 그리고 '도전 골드코프'를 통해 금 매장 후보지나 효율적인 탐사 방법을 제안하는 참가자들에게 총 57만 5,000달러의 상금을 지급하겠다고 공표했다.

이 소식은 인터넷을 타고 빠르게 전파되어 몇 주 동안 전 세계 곳곳에서 수많은 의견이 골드코프 본사로 물밀 듯이 밀려들었다. 대략 50개국에서 1,000명에 이르는 탐사자들이 이 콘테스트에 참가했다. 자신의 실력을 자랑하고픈 참가자들을 살펴보면 지질학자를 포함해 대학원생, 경영 컨설턴트, 수학자, 군 장교 등 다양했는데 그 밖에 골드코프의 경쟁사 직원들도 많았다고 한다. 맥이웬 사장은 이렇게 말했다.

"우리는 수학, 고급 물리학, 인공지능시스템, 컴퓨터그래픽, 비유기적 문제를 유기적으로 해결하는 방법 등 모든 수단을 동원했습니다. 기업 내부에서는 찾을 수 없었던 갖가지 놀라운 능력이 발휘된 것입니다. 처음에 컴퓨터그래픽을 들여다보다가 깜짝 놀라 의자에서 떨어질 뻔했다니까요."

참가자들은 레드호 광산에서 무려 110개의 금광 후보지를 찾아냈고, 그 가운데 80퍼센트에 해당하는 지역에서 실제로 상당량의 금이 발견되었다. 정확히 220톤이 넘는 금이 채굴되었는데, 돈으로 환산하면 30억 달러를 훨씬 웃도는 양이다. 이는 상금 57만 달러를 투자해 거둔 어마어마한 수익이 아닐 수 없었다.

정보를 공유하고 함께 해결책을 찾는 과정에서 골드코프는 최첨단 기술과 효율적인 탐사 방법론, 질적으로 향상된

지질 모형을 접할 수 있었다. 정보 보호가 아닌 정보 활용에서 대안을 찾고자 했기 때문에 가능한 일이었고, 마땅한 해결책이 없어 보이던 막막한 상황에서 문제 해결의 전제 자체를 전환시켜 아이디어를 창출할 수 있었다. 그 결과 매출 1억 달러 규모에 불과하던 골드코프는 이제 매출 90억 달러 규모의 거대 기업으로 탈바꿈했다.

1,000명이 함께 보면 숨어 있던 무궁무진한 가능성을 찾을 수 있다. 폐쇄성을 버리고 집단지성을 활용하라.

재도약을 꿈꾼다면
영국항공처럼

1970년대 영국에는 국제 노선을 취항하는 국영 항공사 두 곳과 국내 노선을 취항하는 항공사 두 곳을 포함해 네 개의 항공사가 있었다. 그러다가 1974년 3월 31일 네 회사를 합병해 영국항공British Airways이라는 거대 항공사가 탄생했다.

하지만 완전히 정부 소유가 되어 모든 과정을 정부가 주도하게 된 영국항공은 이윤 추구를 목적으로 하는 기업의 기능을 상실한 채 점차 행동은 굼뜨고 몸집은 비대한 공룡 조직으로 변해 갔다. 합병 이후 10년이 흐르는 동안 영국항공은 서서히 나락으로 떨어져 갔다. 비생산적이고 거대한 노동 인력과 대규모 손실만 초래하는 방만한 경영으로 정체성을 잃어버린 공공기관은 점점 더 폐물이 되어가고 있었다.

당시 영국에 나돌던 유명한 농담이 하나 있었다. "BA의 진짜 뜻은 무엇일까?" 사람들의 대답은 "아주 끔찍한Bloody Awful"이었다.

이제 더 이상은 무리라고 판단한 정부는 영국항공을 민영화하기로 결정한 뒤, 당시 보일러 원천기술을 보유하고 있던 영국 기업인 밥콕 인터내셔널의 존 킹 회장에게 도움을 청했다.

킹이 첫 번째로 시도한 대대적인 보수 작업은 사실 누구도 하고 싶지 않은 구조조정이었다. 킹은 필요 이상으로 늘어난 영국항공의 인력을 5만 9,000명에서 3만 6,000명으로 줄였다. 하지만 인원 축소에 따른 부작용을 조금이라도 완화하기 위해 자발적으로 회사를 떠나는 사람들에게는 퇴직수당을 후하게 지급했다. 퇴직금 재원은 잉여 항공기와 런던 지역에 보유하고 있던 부동산 일부를 매각해서 충당했다.

다음으로는 오래 거래하던 사업체 두 곳을 정리했다. 그중 하나는 지난 60년 동안 영국항공의 보험 업무를 대리하던 보험회사였고, 다른 하나는 36년 동안 거래하던 광고대행사였다. 그러고는 광고 홍보 업무를 영국의 유명 광고회사인 사치&사치에 일임했다.

세 번째 개혁 대상은 영국항공의 이사회였다. 킹은 당시 이사회를 비생산적이고 비효율적인 집단으로 간주했다. 이사회는 경제학자와 노조 지도부, 다른 국영기업 대표와 전 재무부 관리 등으로 구성되어 있었다. 킹은 이사회의 구성원 다수를 교체하고 전 바클레이즈 은행장, 당시 캐드베리 스웹스이사, 장차 유니레버 대표가 될 사람을 포함해 최고 수준의 전문가들을 영입했다.

이제 마지막으로 최고경영자 역할을 누가 담당하느냐는 문제가 남았다. 킹은 그 역할을 항공 전문가에게 위임할 생각은 없었다. 대신 서비스에 대한 이해력을 갖춘 사람을 찾고 있다면서 이런 말을 덧붙였다.

"경영을 책임질 사람이 해당 전문 분야에 대한 지식이 과다하면 기업에게는 오히려 불리할 수 있습니다. 저의 경우에도 잘 모르고 추진한 일이 많이 알고 결정한 일보다 더 나은 결과를 낳았던 때가 많았습니다. 저는 그와 같은 사람이 영국항공의 CEO 역할을 담당해 주기를 바라는 겁니다."

마침내 1983년 초, 영국항공의 CEO로 당시 시어스 홀딩의 부사장인 콜린 마셜이 임명되었다. 마셜은 그때를 이렇게 회상했다.

"세가 처음으로 영국항공에 출근했을 때 직원들의 사기

가 땅에 떨어져 있었고 도무지 아무 의욕이 없어 보였습니다. 수많은 동료가 회사를 떠나는 모습을 지켜보아야 했고 다음에 무슨 일이 일어날지 아무도 알 수 없는 상황이었으니까요. 직원들에게는 자극이 필요했습니다."

그래서 마셜은 BA를 새로운 BA로 바꾸는 작업에 돌입했다. 즉, '아주 끔찍한Bloody Awful' 기업에서 '최고로 멋진 Bloody Awesome' 기업으로 변모시키겠다는 계획이었다.

먼저 발권 담당 직원과 지상 근무자, 승무원, 심지어 수하물 담당자를 위한 유니폼 디자인을 새롭고 참신하게 바꾸었다. 남성 직원의 의복이 바뀐 것은 20년 만에 처음이었다. 그런 다음 항공기에 독특한 모양의 줄무늬를 새롭게 칠하고 '서비스를 실천하는 항공사'라는 의미로 'To Fly, To Service'라는 기업 모토가 새겨진 회사 문장을 그려 넣었다.

하지만 마셜은 기업이 아무리 목소리를 높여 슬로건을 외친다 하더라도 기업 문화가 함께 변화하지 못한다면 공허한 메아리로 그치고 만다는 사실을 잘 알고 있었다. 그래서 마셜은 모든 직원이 '승객을 최우선으로'라는 주제로 이틀간 진행되는 워크숍에 전원 참석하도록 했다. 그 외에도 자주 워크숍을 열어 모든 직원이 고객의 입장에 서보는 기회를 가지도록 했다. 예를 들어 레스토랑 직원이 버릇없이 음식을 던져

놓고 가버릴 때에 그런 접대를 받는 기분이 어떨지 함께 생각해 보는 식이었다.

바람직한 서비스를 수행하는 또 한 가지 노하우는 세세한 사항까지 꼼꼼하게 신경 쓰는 것이다. 지금까지 실시한 시장조사에 따르면 승객들은 자신의 이름을 불러줄 때에 더욱더 적극적으로 반응한다는 사실을 알 수 있다. 발권 담당 직원이 "행복한 비행이 되시기를 바랍니다, 루리 씨"라는 식으로 습관처럼 승객 이름을 불러준다면 고객 만족도는 60퍼센트까지 올라간다. 이런 친절하고 다정한 태도 역시 훈련을 통해 몸에 익힐 수 있는 것이다.

다음은 비즈니스클래스에 대한 서비스를 향상시키는 일이었다. 구체적인 예를 들면 주요 공항에 있는 라운지를 재단장하고 기내 비즈니스클래스 객실에 조절 가능한 머리받침대가 달린 좌석을 배치했다. 또한 기내 음식의 질을 높이고 클럽월드라는 새로운 이름으로 홍보 작업에 좀 더 많은 공을 들였다.

한편 런던 히드로공항에는 특별히 문제를 해결하고 다니는 '사냥꾼'을 배치했는데, 이들은 누구에게든지 말을 많이 걸면서 지원이 필요하거나 어리둥절한 승객을 찾아 공항을 이리저리 누비고 다녔다.

이륙 시간표도 재검토되었다. 항공사의 편의가 고객의 편의보다 우선이었던 이전과는 달리 비행기 이륙은 탑승객이 원하는 시각으로 일정이 조정되었다. 예를 들면 상황에 따라 융통성 있게 비행기가 예정된 시각보다 조금 일찍 혹은 조금 늦게 출발하는 식이었다.

혁신을 지휘한 킹과 새로운 CEO 마셜, 그리고 활기를 되찾은 직원들이 노력한 결과 영국항공은 이미지를 쇄신하며 결실을 올리기 시작했다. 영국항공의 재정 상황과 평판이 조금씩 향상되었고, 광고에서 '전 세계인이 가장 좋아하는 항공사'라고 주장해도 더 이상 아무도 비웃지 않았다. 실제로 1987년 정부가 민영화한 영국항공의 주식 공모를 진행하자 엄청나게 많은 신청자가 몰렸다. 콜린 마셜이 말한 것처럼 정말 '최고로 멋진' 성과였다.

그렇지만 얼마 동안 전성기를 구가하던 영국항공은 다시 한 번 부침을 겪게 되었다. 항공업계에 저가 항공사라는 변화의 바람이 불어 닥치자 영국항공은 더 이상 평온을 유지할 수 없었다. 그래서 2010년에 영국항공은 다시 커다란 개혁을 단행했다. 흥미로운 사실은 재도약을 하는 과정에 'To Fly, To Service'라는 모토가 다시 한 번 등장하며 주목을 받았다는 점이다.

독일인들의 국민차,
폭스바겐의 부활

1945년 독일이 전쟁에서 패한 뒤 영국군이 점령한 볼프스부르크라는 도시에는 영국 공군의 폭격으로 폐허가 된 공장이 하나 있었다. 공장 지하에는 먼지를 잔뜩 뒤집어쓴 채 폐기된 자동차 부품들이 그대로 놓여 있었다.

전기 전자 기술자 부대를 지휘하는 영국군 찰스 래드클리프 대령과 이반 허스트 소령은 우연히 이 쓸모없어 보이는 자동차 잔해들을 발견했다. 만약 그들이 소용 가치를 알아채지 못했다면 적지 않은 자동차 자재들은 영원히 고철 더미로 묻히고 말았을 것이다. 다행히 두 사람은 다른 사람들이 놓친 중요한 자산을 알아보고 활용했다. 즉, 이 공장의 시설과 자재가 단기적으로는 당장 차량 확보가 시급한 영국군을 위해 저비용 자동차를 생산할 수 있는 해결책이 되고, 장기적으로는 패전국 독일이 회생할 수 있는 자립 기반이 될 것이라는 예측이었다.

공장에 남아 있던 자재들은 다름 아닌 폭스바겐 비틀을 생산하던 부품이었다. 1933년에 히틀러가 정치적 기반을 다질 목적으로 페르디난트 포르셰 박사에게 튼튼하고 저렴하며 연비가 좋은 '국민차(폭스바겐이라고 알려진 브랜드의 뜻은 독일어로 '국민의 차Volks wagen'다)'를 개발하라고 지시한 후, 비틀은 1938년에 볼프스부르크의 공장 기공식에서 첫 모델이 공개되면서 수천 대가 제작되었다.

하지만 제2차 세계대전이 일어나면서 폭스바겐 공장은 군수공장으로 바뀌었고, 히틀러의 '경제 기적'을 이루려던 국민차는 생산이 중단된 채 그동안 생산된 자동차마저 모두 군수물자로 이용되고 말았다.

전쟁이 끝난 후 외관상으로 보아도 공장은 심하게 훼손된 상태였지만 허스트 소령은 둘러보자마자 공장의 가치를 알아보았다. 발전 설비가 있는 건물에서 파편과 잔해를 치우고 보니 일부 잔해는 공격을 받기 전까지 가동된 흔적을 위장하려는 듯 그곳에 덮여 있었다. 게다가 부품의 상태와 모양으로 판단하건대 여러모로 가능성이 있어 보였다.

국민차를 제작할 수 있는 애초의 청사진이 연합군의 폭격으로 모두 파괴되어 사라진 상황에서 허스트 소령과 래드 클리프 대령은 남아 있는 부품들로 국민차를 복원하기 위해 애썼다. 두 사람은 커다란 종이 두 장에 기술 도안을 새롭게 그리고 각각 18가지로 구역을 나눠서 부품과 사양을 자세하게 기록했다. 앞으로 자동차 산업 분야에서 대중적 인기를 끌게 될 차량이 재탄생되려는 역사적인 순간이었다.

그런 다음 허스트 소령은 영국군에 차량 2만 대를 주문하도록 설득해서 1946년부터 생산이 재개되었다. 정식 이름은 T형 포드를 약간 변경해 '타입1 비틀'로 정했다. 전쟁 직후라 원자재가 턱없이 부족했으므로 강철과 유리, 타이어를 지속적으로 공급하는 일이 무엇보다 어려웠다. 식량 또한 공급 부족에 시달렸으므로 공장 노동자들의 영양실조도 심각한 문제로 떠올랐다. 그래서 공장 옆 잔디밭에는 채소를 심어 식량을 조달했다. 이런 어려운 상황 속에서도 1946년 3월, 드디어 비틀 1,000대가 생산되었다.

1949년 5월, 폭스바겐 자동차회사가 정식으로 설립되었다. 같은 해 10월에는 영국군이 폭스바겐 공장 운영을 독일 정부에 양도해 BMW의 기술자 출신이자 독일 자동차 오펠Opel의 임원이었던 하인리히 노르트호프가 새 경영자로 취임했다. 그때부터 폭스바겐은 정상궤도에 올라섰고 해외 시장의 문을 두드리기 시작했다. 끊임없이 품질과 성능을 향상시켜 타입1은 세계적으로 인기를 얻었는데, 전쟁으로 피해를 입은 독일에서는 서민의 발로, 미국과 같은 선진국에서는 저렴하고도 튼튼한 차량으로 사랑을 받았다.

세계적 인기에 힘입어 1955년에는 100만 대 생산을 넘어섰고 덕분에 폭스바겐과 독일 경제는 되살아날 수 있었다. 특히 미국에서는 '작은 것이 아름답다'라는 뛰어난 광고 덕분에 주목을 받으며 1960년대에는 연간 20만 대 이상이 팔려 나갔다. 그리고 2003년 7월을 끝으로 1세대 비틀의 생산이 중단될 때까지 총 2,000만 대가 넘게 제작되었다.

허스트 소령은 1951년 말 군에서 제대하고 영국으로 돌아가 민간인으로서 평범한 삶을 살다가 2000년 3월 10일 84세로 세상을 떠났다. 볼프스부르크의 폭스바겐 공장 근처에는 독일 재건을 위해 애쓴 소령에게 감사하는 마음을 담아 이반 허스트를 본떠 이름을 지은 거리가 지금도 있다.

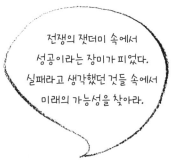

전쟁의 잿더미 속에서
성공이라는 장미가 피었다.
실패라고 생각했던 것들 속에서
미래의 가능성을 찾아라.

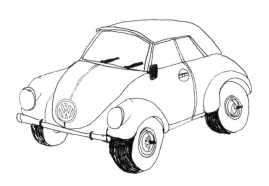

엄마가 생각나는 맥도날드

M자 모양으로 구부러진 황금색 아치는 전 세계 어디서나 누구나 가장 쉽게 알아보는 브랜드 상징이다. 원래 황금색 아치는 애초부터 맥도날드 건물 설계의 장식물로 들어가 있던 실제 아치 구조물이었다. 황금빛 아치 로고는 1953년에 처음 도입되었지만 1960년대 중반에는 아치 모양을 바꾸느냐마느냐 하는 문제로 맥도날드에서 논란이 벌어지기도 했다.

심리학자이자 디자인 컨설턴트인 루이스 체스킨은 당시 맥도날드 건물 설계 디자인을 담당했던 인물이다. 루이스는 맥도날드 건축 양식이자 심벌이 된 아치 로고를 바꾸는 일은 아주 민감한 문제라며 반대 의견을 냈다. 아치 모양은 프로이트의 무의식 이론처럼 소비자들의 잠재의식에 깊이 박혀 있을 뿐만 아니라 앞으로 맥도날드 상품을 홍보하는 데에도 귀중한 자산이 될 것이라고 강력하게 주장했다. 결국 모두 루이스의 주장을 받아들이게 되면서 논란은 잠잠해졌다.

루이스는 아치 모양이 어머니 맥도날드의 가슴처럼 보이기 때문에 집에서 만든 음식을 대신하고 싶을 경우 떠올리게 되는 아주 유용한 연관이 아닐 수 없다고 덧붙이기도 했다. 실제로 초기에 '엄마에게 하룻밤 휴식을 주자'라는 광고 슬로건이 주목을 받기도 했는데, 맥도날드 매장을 찾는 일은 그날 저녁에 엄마들이 요리와 설거지에서 벗어날 수 있다는 의미였기 때문이다.

M자 심벌은 현재는 물론 앞으로도 영원히 사라지기 힘든 맥도날드의 상징이 될 것이다.

이성과 감성에 호소하면 사람은 의식적이든 무의식적이든 반응하지 않을 수 없다. 여러 감각 자료를 동원해 소통하려는 이유가 여기에 있다.

포크레인을 구입하면
롤스로이스가 에스코트합니다

조지프 시릴 뱀포드는 1945년 10월, 영국 스태퍼드셔 유톡스터에서 건설장비 제조사인 J. C. 뱀포드(이하 JCB)를 설립했다.

전쟁터에서 돌아온 조지프는 처음에 전기용접 장비를 개발하는 잉글리시일렉트릭에서 일했다. 하지만 일가친척이 운영하는 회사에서 얼마 안 되는 보수를 받고 일하다 보니 성과는 오르지 않고 매사가 지지부진했다. 삼촌 헨리는 앞으로 서로에게 좋을 게 없을 것 같다고 말하며 조지프에게 다른 일을 찾아보도록 권했다.

그래서 조지프는 1945년 10월에 회사를 그만두고 폐

점한 가게의 작은 차고를 아주 적은 금액을 주고 임대했다. 그리고 그때부터 잉글리시일렉트릭에서 중고로 구입한 용접 세트를 사용해 첫 번째 건설 장비가 된 티핑 트레일러를 만들기 시작했다. 이 장비는 전쟁이 끝난 뒤에 굴러다니는 지프 차축과 방공호의 부품이던 여러 금속 조각을 활용해 제작한 것이다.

아들이 태어나던 날 조지프는 자신이 발명한 기계를 근처 시장에서 45파운드와 중고 농기구를 받고 판 다음 곧바로 다른 기계를 만들기 시작했다. 이런 식으로 조금씩 꾸준히 노력해서 키워간 사업은 어느덧 다양한 건설장비와 차량을 제조해서 판매하는 탄탄한 기업으로 성장했다.

JCB가 성공을 거둔 요인을 꼽자면, 조지프에게는 우수한 기계를 꾸준히 발명해 내는 능력 외에도 다른 기술자들한테서 찾아보기 어려운 성향이 있었기 때문이다. 조지프에게는 고객 서비스를 어떻게 해야 하며 문제를 어떤 식으로 개선해야 하는지 직감적으로 파악하는 능력이 있었다.

JCB는 1951년부터 자사에서 개발한 건설장비를 쉽게 알아보기 위해 노란색과 검은색을 칠하기 시작했는데, 조지프는 예비 부품을 기다리느라 도로 옆에 대기 중인 노란색 차량이 얼마나 되는지 매일 직원들에게 확인했다. 덕분에 JCB

직원들은 건설 장비가 고장나면 지체 없이 달려가 수리해 준다는 이미지를 고객에게 심어줄 수 있었다.

또한 조지프는 고객들이 상품을 인수할 때 대표의 손길이 닿는 걸 좋아한다는 사실을 알았다. 그래서 60대에 접어들어서도 새 중장비가 배달될 때마다 JCB1이라는 독특한 번호판이 달린 롤스로이스를 타고 새 장비를 따라가는 경우가 많았다.

"고객들은 롤스로이스를 몰고 오는 영국인 사장을 보고 싶어 합니다. 그게 신뢰감을 주기 때문이지요."

어느 날이었다. 그날도 조지프는 더비셔에 거주하는 고객에게 새 장비를 인도하는 길에 기계의 작동을 시범 설명하는 오랜 동료이자 친구인 존 휠든을 따라 나섰다. 휠든이 새 장비에 대한 설명과 흥미로운 특징을 보여주는 시범을 모두 마치자 몹시 감동한 고객이 이렇게 얘기했다.

"이 기계는 홍차를 끓이는 일만 빼곤 모든 걸 다 하는군요."

그 얘기를 들은 조지프는 집으로 곧장 돌아와 운전석의 디자인을 이리저리 바꿔보느라 밤이 깊어가는 줄도 모르고 작업에 열중했다. 그때부터 지금까지 모든 JCB 차량에는 전기주전자와 전원 콘센트가 탑재되어 출시되고 있다. 최근에는 실제로 커피머신이 설치된 모델이 출시되기도 했다.

조지프는 그 후로도 오랫동안 배달 차량을 따라다녔는데, 항상 자신의 롤스로이스 차 안에 별도로 티팟을 챙겨 다녔다. 새로운 고객에게 정중하게 차를 대접하기 위해서였다.

한편 JCB 상품이나 이미지는 실제로 대중문화 속에서도 독특한 모습으로 등장했다. 몇 가지를 예를 들면 다음과 같다.

□ 1958년에 레니 그린이라는 가수가 발표한 'JCB와 나'라는 노래가 있다.

□ BBC에서 방영된 〈텔레토비〉에도 등장한 적이 있다. 여러 줄로 늘어선 차량의 숫자를 세는 장면에서 한 줄로 늘어선 JCB 장비들이 마치 춤을 추듯 작동되는 모습이 방영되었다.

□ 레고 테크닉 시리즈에는 접이식 팔이 장착된 JCB 굴착기 모델이 있다.

□ 자동차 버라이어티 쇼인 〈톱 기어〉에도 JCB 모델이 소개된 적이 있다.

영국의 지하철이
최악에서 최고가 된 작은 비밀

세계 최초의 지하철이 1863년 1월 9일에 개통되었다. 이 지하철은 런던의 패딩턴역에서 패링턴스트리트역까지 총 6킬로미터를 달렸다. 오늘날에는 11개 노선에 250개가 넘는 지하철역으로 규모가 커졌지만 당시에 튜브라고 불린 이 지하철은 세계 최초라는 기록이 무색할 정도로 꽤 오랫동안 평판이 좋지 못했다. 열차는 빽빽하게 사람들로 가득 찼고 지하철역은 지저분했으며 파업은 승객들이 아무리 잘 봐준다 해도 너무 빈번하게 일어났다. 북쪽 노선은 '고통의 구간'이라고 알려질 정도로 상태가 최악이었다.

하지만 1980년대 말부터 상황이 조금씩 변하기 시작했다. 전문가들은 상황이 호전될 수 있었던 요인으로 중요한 세 가지를 꼽았다.

첫 번째 계기는 1987년에 발생한 킹스크로스역 폭발 사건이었다. 이 사건으로 승객이 31명이나 사망하고 지하철을 이용하는 일에 대한 우려와 공포심이 번졌다. 수년 동안 지하철 운영에 투자가 너무 부족했기 때문에 그런 재앙이 일어나게 되었다는 보고와 지적도 빗발쳤다. 어쨌든 이 사건을 계기로 투자와 적극적인 개선이 이루어졌다.

두 번째는 1997년 선거에서 노동당이 의석을 다수 확보하게 된 사실에서 비롯되었다. 노동당 집권 후 노동당의 압력과 함께 사회적 여건이 무르익으면서 고든 브라운 총리는 정부와 민간 합작을 통해 지하철 사업 지원에 열정적으로 매달렸던 것이다.

세 번째는 런던 시장 당선을 겨냥한 정치적 투쟁에서 튜브가 선거 공략의 중요한 대상으로 자주 오르내리기 시작한 사실을 들 수 있다. 사실 그때까지는 전국적으로 각 지역의 지하철이 선거에서 주요 이슈로 떠오른 적이 거의 없었다. 하지만 교통 문제는 이제 런던 시장이 중책을 담당해야 할 커다란 과제가 되었다. 그중에서도 지하철은 많은 사람들이 이용하는 시민의 발이 되었으므로 가장 심각하고 중대한 문제가 아닐 수 없었다.

이런 모든 요인이 작용한 덕분에 지하철 사업의 여건이 개선되고 가시적인 성과도 올릴 수 있었다.

그 결과 1982년에는 하루 2만 명 미만이던 지하철 이용자 수가 2002년경에는 3만 5,000명 이상으로 급증했다. 그 밖에도 빅토리아선과 메트로폴리탄선의 환경이 크게 향상되었다. 또한 영국식 교통카드인 새로운 전자 인식 오이스터 카드가 도입되어 요금 체계와 출입 방식이 쉽고 빠르게 개선되었고, 지하철 역사가 깨끗하게 재단장되었다.

하지만 이렇게 여러 가지가 개선되었음에도 승객 만족도는 여전히 저조했고 웬일인지 이용자의 반응이나 인식도 기대보다 부정적이었다.

이런 상황에서 변화의 조짐이 보이기 시작한 것은 네 번째 요인이 작동하면서부터였다. 그것은 '무소식이 희소식'이라는 안내방송 전략이었는데, 승객들조차 의식하지 못하는 사이에 차츰차츰 변화의 물결이 일었다.

오랫동안 지하철 안에서 들을 수 있었던 안내방송은 두 가지 종류에 불과했다. 하나는 '다음 열차가 들어오고 있습니다' '다음 역은 어디입니다' '이 열차는 어디 방향입니다'라는 식의 정류장과 방향을 알려주는 방송이거나 '출입문에 기대거나 너무 가까이 다가가 있지 마십시오.' '열차와 정류장 간격이 벌어져 있으니 내릴 때 조심하시기 바랍니다'라는 식의 안전에 유의하라는 방송이었다.

다른 하나는 전 지하철 네트워크를 통해 문제를 공유하고 보고하는 안내방송이었다. 예를 들면 "빅토리아선이 심하게 지체되고 있습니다" "주말에는 열차가 지연되기 쉬우니 양해해 주시기 바랍니다" "안전 점검으로 인해 순환선 열차의 운행이 중단될 예정입니다" "현재 핀칠리로드역이 폐쇄되어 있습니다" "기관사 부족으로 8시 36분 도착 예정 열차가 취소되었습니다" 등 모두 좋지 못한 소식을 알리는 방송들이었다.

이러한 메시지들이 문제라는 사실을 인식한 사람은 런던 지하철 담당 컨설턴트였다. 물론 지하철에서 이런 안내방송을 무조건 하지 말아야 한다는 것은 아니다. 하지만 고객 서비스에서 최고로 신경 써야 할 사항은 사업체가 문제를 인정하고 고객과 함께 의사소통할 수 있어야 한다는 점인데, 당시 지하철 안내방송의 가장 큰 문제는 나쁜 소식이 좋은 소식으로 상쇄되는 부분이 전혀 없다는 사실이었다.

이에 대해 컨설턴트가 제시한 해결책은 매우 신선했다. '무소식'을 알리는 안내방송을 도입하자는 것이었다. 컨설턴트는 전달할 사항이 특별히 없을 때에도, 문제없이 운행되고 있을 때에도 정기적으로 안내방송을 내보내자고 주장했다.

무소식을 알리는 안내방송이라고 해봤자 특별할 것은 없다. 그저 현재 상황, 즉 아무런 문제없이 지하철이 운행되고 있다는 사실을 담담하게 알려주면 된다. 예를 들면 "런던 지하철 모든 노선에 대해 정기적으로 점검과 수리를 진행하고 있으니 승객 여러분은 안심하고 지하철을 이용하셔도 좋습니다"라는 식의 우수한 서비스를 홍보하는 방송도 좋다. 런던 지하철의 경우 무소식만 한 희소식은 없을 것이며 승객들도 반기지 않을 이유가 없다.

오늘날 런던 지하철은 연간 10억 명의 승객을 실어 나르고 있다. 그리고 승객들은 전 지하철 네트워크를 통해 정기적으로 흘러나오는 안내방송을 들으며 열차를 이용하고 있다. 물론 그중에는 몇 가지 문제를 알리는 방송도 있지만 대부분은 무소식을 알리는 안심 방송이다.

그리고 2009년경에는 지하철에서 몇 가지 좋은 소식을 알리는 안내방송이 흘러나왔다. 승객 만족도가 79퍼센트에 달할 정도로 향상되었으며, 런던 튜브가 파리와 마드리드, 베를린, 코펜하겐과 치열한 경쟁을 물리치고 최고의 지하철이라는 이름을 얻었다는 소식이었다.

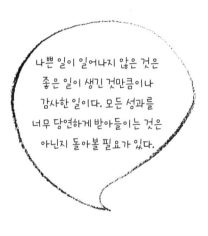

나쁜 일이 일어나지 않은 것은
좋은 일이 생긴 것만큼이나
감사한 일이다. 모든 성과를
너무 당연하게 받아들이는 것은
아닌지 돌아볼 필요가 있다.

렌터카 넘버2 업체의
생존전략

1962년, 미국의 렌터카 회사 에이비스AVIS의 CEO인 로버트 타운센드에게는 해결해야 할 중대한 문제가 있었다. 전문경영인으로 막 임명되었는데, 에이비스는 지난 13년 동안 심각한 누적 적자에 허덕이고 있었다.

타운센드는 에이비스에 근본적인 변화와 긍정적인 이미지가 절실히 필요하다는 사실만큼은 알 수 있었다. 그래서 당시에 잘나가는 광고대행사인 도일데인번벅DDB에 의뢰해 회사 상황을 호전시킬 수 있도록 도움을 요청했다. 하지만 영리하고 독창적인 방식을 도입하는 일 외에 본질적으로 중요한 문제가 있다는 사실도 잘 알고 있었다. 그것은 확고한 기업 철학을 갖추는 일이며, 에이비스에서 일하는 모든 직원은 사소한 일에서부터 그런 기업 철학을 표방하고 실천할 수 있어야 한다는 점이었다.

타운센드는 광고를 제작하기 전에 DDB가 에이비스라는 기업 전반에 대해 숙지할 시간이 필요하다는 점에 동의했다. DDB는 에이비스 경영진을 만나고 회사 내부를 둘러본 다음 에이비스 직원들과 회사의 사업 방식에 대해 여러 이야기를 나누었다.

초기에 가진 회의에서 DDB는 믿기 어려울 정도로 간단하면서도 단도직입적인 질문을 던졌다.

"누가 무엇 때문에 에이비스에서 차를 렌트하려고 할까요?"

그러자 광고 역사에 길이 남을 대답이 이어졌다.

"더욱 열심히 노력하겠습니다. 그래야 한다면 말이죠."

DDB의 에이비스 담당 책임자인 헬무트 크론은 에이비스가 렌터카업계에서 넘버2라는 엄연한 사실을 광고의 중심으로 잡아야겠다는 생각을 이미 하고 있었다. 그리고 폴라 그린은 초기 현장조사와 회의에서 알아낸 사실과 이제는 유행어가 되어버린 '더욱 노력하겠습니다'라는 말을 토대로 유명한 광고 문구를 뽑아냈다.

당시 미국의 렌터카업계는 허츠라는 선발업체가 전체

시장의 35퍼센트 이상을 차지하고 있었는데, 에이비스가 허츠를 따라잡는 일은 여러 가지 면에서 불가능해 보였다. 광고의 핵심 아이디어를 잡은 DDB 팀은 에이비스의 기업 철학에 따라 솔직하고 진솔한 마음으로 소비자에게 접근하는 광고를 제작하기로 에이비스와 합의했다. 그것은 최고, 최상이라는 말을 즐겨 사용하는 광고계에서는 쉽게 찾아볼 수 없는 '넘버2 선언'이었다. 그렇게 '에이비스는 업계 2위에 불과합니다. 그러므로 우리는 더욱 노력합니다'라는 유명한 광고가 탄생한 것이다.

한편 타운센드와 경영진은 에이비스에 획기적인 광고보다 더 중요한 게 있다는 신념에 따라 미국에 있는 전 지점을 찾아다니며 직원 한 사람, 한 사람과 대화를 나누었다. 그러면서 광고가 성공하기 위해서는, 더욱 중요하게는 기업이 성공하기 위해서는 기회가 생길 때마다 소비자들에게 더욱 향상된 서비스를 제공할 수 있어야 한다고 강조했다.

기업의 진심을 용기 내서 표현한 이 광고는 한마디로 말해 에이비스의 약속이자 그 약속을 이행하겠다는 책임감을 보여준 것이다. 약속을 표현한 광고와 약속을 이행하겠다는 직원들의 의지와 노력 덕분에 에이비스는 불과 1년 만에 회사의 운명을 바꿀 만한 엄청난 성장을 기록했다.

에이비스는 광고를 시작하기 전인 1963년만 해도 매출이 3,400만 달러에 손실이 320만 달러에 달했는데, 1년 후에는 매출이 3,800만 달러로 껑충 뛰고 13년 만에 처음으로 120만 달러의 이윤을 창출했다. 또한 시장점유율이 1962년 11퍼센트에서 1966년 35퍼센트로 향상되었다.

약속을 지키는 모습을 보일 때
브랜드 이미지는 상승한다.
당신은 브랜드가 약속을 지키기 위해
진심으로 노력하고 있는가?

저가항공의 효시,
사우스웨스트항공의 철학

1967년 텍사스에서 사업을 하던 롤린 킹과 변호사 허브 켈러허는 뜻을 모아 에어 사우스웨스트를 설립했다. 설립 당시에는 텍사스주 내의 댈러스, 휴스턴, 샌안토니오 세 도시만을 단 세 대의 비행기로 운항하는 소규모 항공사였다. 그나마도 대형 항공사들이 벌인 승인 저지 운동으로 취항하지 못하다가 1971년에야 회사 이름을 사우스웨스트항공으로 바꾸고 드디어 첫 번째 운항을 할 수 있었다.

이 항공사의 비전은 간단했다. 저렴한 항공요금, 소도시 간 잦은 운항, 직원과 고객에 대한 헌신이 그것이다. 사업 모델 역시 당시로서는 매우 독특했는데, 덜 혼잡한 소규모 공항을 이용하고 단거리 노선에 집중한다는 것이었다. 1972년에는 휴스턴 항공편을 휴스턴 국제공항 대신 오래됐지만 도심과 가까운 하비 공항을 이용하는 것으로 바꾸었다. 허브 켈러허는 오래된 공항을 이용하는 것에 대해 이렇게 대답했다.

"따지고 보면 우리 고객들이 40분을 비행하기로 되어 있는데, 5분을 더 허비해야 하는 이유는 없습니다."

게다가 비행기 기종을 단일화해서 훈련과 유지비용을 크게 절감할 수 있었고 정시 이착륙을 철저히 준수해 운항 횟수를 늘릴 수 있었다. 그 밖에도 좌석 등급을 없앴을 뿐만 아니라 예약 시스템 없이 선착순 탑승을 실시하고 기내식을 과감하게 없애서 항공요금도 낮출 수 있었다. 이러한 규정은 지금은 전 세계 저가 항공사의 대표적인 정책으로 자리 잡았지만 당시에는 상당히 파격적인 결정이었다.

사우스웨스트항공을 차별화시킨 또 한 가지 전략은 기내 서비스를 엔터테인먼트 수준으로 끌어올린 점이었다. 지루한 여행길을 즐겁게 해주는 일은 아주 매력적인 가치다. 이를 위해 회사는 승무원들이 직장에서 즐겁게 생활하는 것은 물론 고객들에게도 재미를 제공하도록 장려했다. 예를 들어 기내 방송은 이런 식이다.

"기내에서는 금연입니다. 연방법에 따라 비행기 안과 비행기 화장실 안에서 흡연을 금합니다. 하지만 흡연을 원하시는 손님은 비행기 날개 위에 마련된 스카이라운지로 가십시오. 거기에서는 지금 〈바람과 함께 사라지다〉가 상영되고 있습니다."

결과는 대성공이었다. 초기의 부진과 자금난을 극복한 뒤부터는 1970년대와 1980년대에 걸쳐 차근차근 기반을 닦아 운항하는 도시 수도 늘리고 승객도 점점 더 많이 확보했다. 한 해 승객 수를 살펴보면 1975년 500만 명, 1983년 950만 명, 1986년 1,300만 명으로 증가했고, 나중에는 연간 6,000만 명 정도에 달했다. 69분기 연속 흑자행진을 달리기도 한 이 항공사는 하루에 총 2,700대의 항공기가 29개 주에서 55개 이상의 도시를 비행하고 있다. 다음과 같은 말은 사우스웨스트항공이 어떻게 고객을 상대하는지를 단적으로 보여준다.

"승객이 원하는 시간에, 그것도 정시에, 가능한 한 가장 저렴한 비용으로, 최대한 즐겁고 유쾌하게 목적지까지 데려다줄 수 있다면 사람들은 그런 비행기를 탈 것입니다."

펩시의 도전, 뉴 코크의 실패

여론조사에 따르면 '코카콜라'는 세계에서 '오케이' 다음으로 가장 잘 알려진 말이라고 한다. 마케팅업계에서도 가장 영향력 있는 브랜드로 대부분 코카콜라를 인정하는 듯했다. 1980년대에 들어서면서 코카콜라가 미국 청량음료 시장에서 1위 자리를 놓치게 될지도 모른다는 조심스러운 전망을 내놓을 만큼 위기의식을 느끼고 있다는 사실이 어찌 보면 이상할 정도였다.

그런 전망이 나온 배경에는 블라인드 테스트 방식을 도입한 펩시콜라의 비교 광고인 '펩시의 도전'이 있었다. 펩시는 코카콜라의 열성 소비자들을 모아 눈을 가린 뒤에 코카콜라와 펩시콜라를 마시고 맛을 평가하도록 했다. 참가자 중 상당수는 펩시가 더 맛있다고 손을 들었고, 이 장면이 그대로 TV 광고에 실렸다. 이런 공격적인 마케팅 덕분에 펩시는 시장점유율을 상당히 끌어올리는 데 성공했다. 펩시의 성장에 위협을 느낀 코크는 주도적인 지위를 잃지 않기 위해 자동판매기와 패스트푸드 전문매장 같은 한정 시장에 대한 점유율을 더욱 높였다.

한편 코크는 펩시의 전략에 대응하는 차원에서 자매품 체리콜라와 다이어트콜라 등을 출시해 성공을 거두는데, 이런 과정에서 한 가지 문제가 발생했다.

다이어트 콜라의 판매량이 늘어나자 기존의 설탕 함유 콜라의 판매량이 줄어들기 시작한 것이다. 코카콜라의 애틀랜타 본사 연구팀은 펩시의 도전에 맞서는 임무에 착수했다. 시장조사를 토대로 연구팀은 신제품 레시피 개발에 나섰다. 신제품의 공식적인 계획은 다이어트 콜라를 만들되 액상과당을 사용해 펩시콜라보다 더 달콤하고 부드러운 음료를 생산하는 것이었다.

소문에 따르면 신제품 개발 후 코크는 시음 평가를 실시하고 2만 5,000명을 대상으로 인터뷰를 진행하는 대규모 계획에 들어갔다고 한다. 결과는 압도적인 다수가 뉴코크가 맛

있다고 손을 들었다.

그렇다면 코카콜라 경영진은 어떻게 하는 것이 좋을까? 기존의 콜라와 함께 뉴코크를 출시하는 것, 아니면 뉴코크로 완전히 대치하는 것? 양쪽을 모두 생산하는 것은 판매를 분산시켜 결과적으로 시장 주도권을 펩시에 안겨주는 일이라 여긴 연구팀은 결국 기존의 콜라를 단종하고 뉴코크만 생산하기로 결정했다. 하지만 비밀을 유지할 필요가 있었기 때문에 소비자들에게 견해를 물어볼 수가 없었고, 이 점은 코카콜라를 괴롭히는 위협적인 요소로 작용하게 되었다.

1985년 4월 23일 드디어 뉴코크가 출시되고 일주일 뒤에는 기존 콜라의 생산이 중단되었다. 하지만 미국인들은 격분했다. 항의가 빗발치자 코카콜라의 고위 간부들은 7월 11일까지 수차례 기자회견을 열어야 했고, 급기야 기존 콜라의 생산을 재개한다고 선언했다.

'맛이 더 좋다'는 뉴코크를 환영하기는커녕 수많은 미국인은 뉴코크를 맛보기도 전에 거부하기로 작정한 사람들 같았다. 블라인드 테스트에서 사람들이 선호한 맛을 그대로 제조했건만 뉴코크는 그렇게 혹평만 잔뜩 듣고 말았다. 신제품을 맛본 미국인 대다수는 역시 오리지널이 맛있다고 굳게 믿는 듯했다.

소비자들에게 코카콜라는 단순한 상품이 아니었다. 그것은 몸에 익은 관습이고 생활방식 자체였다. 사람들은 지금까지 코크를 마시며 성장했고, 떼려야 뗄 수 없는 관계를 맺고 있다고 생각했다. 바로 이 점이 코크 브랜드가 가진 위력이었다. 그래서 사람들은 코크가 단종된 사실에 공포를 느끼고 크게 저항한 것이다.

그런데 코카콜라로서는 다행스럽게도 놀라운 일이 벌어졌다. 기존 콜라의 생산이 재개된 후부터 엄청난 분노가 가라앉으면서 용서하는 분위기가 조성되고 다시 판매량이 최고 수준으로 회복된 것이다. 1985년 한 해 동안 코카콜라는 잠시 펩시에 1위 자리를 빼앗기는 수모를 겪었으나 1986년에는 오리지널 콜라의 판매를 재개하면서 주도권을 되찾고 성장을 지속할 수 있었다. 그리고 뉴코크는 시장에서 영원히 사라졌다.

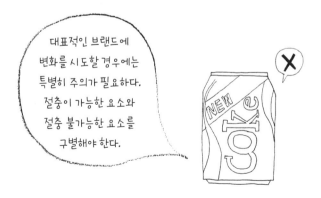

대표적인 브랜드에 변화를 시도할 경우에는 특별히 주의가 필요하다. 절충이 가능한 요소와 절충 불가능한 요소를 구별해야 한다.

실직자에서
보드게임의 아버지로

방수천 한 장과 공짜로 얻은 물감 세트, 야적장에서 주워온 구슬들과 낡은 골판지, 팔찌에서 떼어낸 장식물 몇 개를 가지고 과연 무엇을 만들 수 있을까?

1929년부터 세계를 강타한 대공황에 밀려 실직자로 전락한 찰스 대로는 이런 물건들을 이용해 남녀노소를 막론하고 즐길 수 있는 '게임'을 창안했다. 오늘날 '모노폴리'라는 부동산 보드게임으로 더 잘 알려진 이 게임은 실직 이후에 잡다한 물건을 팔고 다니던 찰스가 처음으로 고안했다. 방수포는 물감으로 알록달록하게 꾸민 보드판이 되었고, 여러 조각으로 쪼갠 구슬은 집과 호텔로 변했으며, 아내의 팔찌에서 떼어낸 여러 장식물은 게임용 말로 활용했다. 보드판에 써놓은 거리 이름은 애틀랜틱시티의 실제 거리 이름이었는데, 그곳은 찰스가 실직 이전에 그럭저럭 생활할 때 가족과 함께 자주 여름휴가를 보내던 장소였다.

흥미로운 게임에 대한 소문이 퍼지면서 처음엔 하루에 두 세트, 다음엔 여섯 세트를 제작하기 시작했다. 그러다가 1934년 필라델피아에 있는 워너메이커라는 백화점에서 첫 주문을 받게 되자 이제는 생산을 확대해야 할 때라는 생각이 들었다.

찰스는 유명한 게임 제조사인 파커 브러더스를 찾아갔지만 게임 내용이 너무 어렵고 시간이 오래 걸리는 문제를 포함해 근본적인 오류가 52가지나 된다는 말과 함께 판권 계약을 거절당했다. 하지만 찰스는 그런 말에 별로 신경 쓰지 않고 계속해서 모노폴리를 만들었다. 그렇게 판매량은 점점 늘어나서 1934년 한 해에만 2만 세트가 넘게 팔렸다.

보드게임이 성공가도를 달리고 있다는 소식을 접한 파커 브러더스는 초기에 내린 평가가 너무 성급했다고 솔직하게 인정하며 상당한 저작권 사용료를 약속하는 거래를 찰스에게 제안했다. 이로써 대량생산에 들어간 모노폴리는 공전의 성황을 누리며 전 세계로 팔려 나갔고, 지금까지도 인기상품 목록에 들어 있다. 찰스는 46세에 은퇴를 하고 백만장자가 되어 78세로 사망했다. 확실하지는 않지만 모노폴리를 팔아서 번 돈으로 아내에게 장식물이 달린 팔찌를 또 하나 사주었다는 얘기가 있다.

> 자신의 실수를 인정하지 못할 만큼 교만해서는 안 된다. 어떻게 하면 과거의 실수를 미래의 기회로 바꿀 수 있을지 고민하라.

아이디어

idea

"소비자로서의 감각을
잃지 마세요", 리처드 브랜슨

마케팅에서 시장조사는 빼놓아선 안 될 정도로 아주 중요한 수단이다. 정책 결정자가 무엇을 결정하고 선택하면 좋을지 실질적인 정보와 지침을 제공하기 때문이다. 하지만 때로는 시장조사 없이 성공할 것 같은 분명한 예감과 확신으로 자신의 구상을 추진하는 사람도 있다.

　리처드 브랜슨이 바로 그런 사람이다. 버진 그룹의 창업자이자 회장인 리처드는 고교 중퇴자에 난독증이 있고 재무제표조차 제대로 읽지 못하지만 '창조 경영의 아이콘'으로 불리며 '50대 경영 전문가'로 선정될 만큼 존경받는 기업가다. 1967년에 버진레코드가 성공을 거둔 후 항공, 철도, 모바일 서비스, 레저, 스포츠, 미디어, 금융, 건강, 환경, 자선사업에 이르기까지 지칠 줄 모르는 도전정신으로 손대는 사업마다 성공 가도를 달렸다.

탱크를 타고 뉴욕 한복판에서 콜라를 쏘아대며 버진콜라를 알리고, 버진모바일 광고판에 자신의 누드를 선보이는 등 기업 회장의 격식을 과감히 벗어던지고 자신을 마케팅 수단으로 삼는 데 주저함이 없을 정도로 상식과 통념을 깨는 괴짜 CEO로 유명하다. 열기구로 대서양을 횡단하거나 수륙양용차를 타고 바다를 건너는 못 말리는 모험가이지만 기업 활동을 통해 거둔 혜택을 사회에 환원해서 세상을 즐겁게 하자는 멋진 철학을 가지고 있는 사람이다.

리처드는 한 출간 기념 인터뷰에서 이런 얘기를 한 적이 있다. 자신이 버진애틀랜틱항공사를 설립하는 데에 영감을 준 것은 연결도 못해 본 전화 통화였다는 것이다.

"저는 피플스익스프레스항공사와 전화 통화를 하려고 이틀 동안이나 고생한 후에 항공사를 하나 차려도 되겠다는 결정을 내렸습니다."

리처드가 카리브해로 여행을 갔을 때 그가 타려던 항공편이 기체 결함으로 결항되었고 항공사의 대응은 엉망진창이었다. 그때 리처드는 자기 돈 2,000달러로 전세기를 빌렸다. 그리고 결항된 여객기의 승객들에게 표를 팔기 위해 칠판에 적기 시작했다.

　"버진항공사, 푸에르토리코행 39달러"

책상에만
오래 앉아있는 경영인은
현실감각이 떨어진다.
늘 고객이 되어 시장감각을
잃지 말아야 한다.

엄마의 관찰이 탄생시킨
세계적인 인형, 바비

1950년대 초, 주방에서 일을 마치고 거실로 돌아온 루스 핸들러는 딸 바버라가 종이 인형을 가지고 노는 모습을 지켜보았다. 그러던 중 아이가 어른의 모습을 한 종이 인형으로 화장을 시키거나 쇼핑을 하고 운전을 하는 등 어른의 행동거지를 따라 하며 놀고 있는 사실을 알아차렸다. 이런 광경은 뜻밖이었는데, 당시 미국 아이들은 대부분 아기 모습을 한 장난감을 가지고 놀았기 때문이다.

딸이 인형놀이를 하는 모습에서 힌트를 얻은 루스 핸들러는 오랜 생각 끝에 성인 여성을 닮은 인형을 만들어보면 어떻겠느냐고 남편 엘리어트에게 제안했다. 우연하게도 남편은 마텔 완구회사에서 고위 간부로 일하고 있었다. 하지만 남편은 아내의 제안에 시큰둥하게 반응했고, 마텔 이사진의 반응도 마찬가지였다.

그러다가 예상치 못한 기회가 찾아왔다. 1956년에 루스가 스위스에서 여름휴가를 보낼 때였다. 담뱃가게 앞을 지나가다가 이상하게 생긴 인형이 창가에 진열된 광경을 본 것이다. 30센티미터가량의 키에 긴 다리, 밝은 금발에 요염한 얼굴을 하고 가슴이 큰 인형이었다. 인형의 이름은 빌트 릴리였다.

빌트 릴리는 독일 신문 〈빌트 차이퉁〉 연재 만화의 섹시한 여자 주인공을 본떠서 만든 인형이었다. 극중에서 릴리는 매력적인 금발 미녀에 당당한 직장 여성으로서 자신이 원하는 바를 뚜렷이 파악하고 그것을 얻기 위해서라면 뭇 남성을 서슴없이 이용하기도 한다. 릴리 인형은 1955년에 독일에서 처음으로 판매되었다가 훗날 마텔 사가 인형에 대한 특허권을 얻으면서 생산이 중단되었다.

사실 루스는 독일어를 몰라 빌트 릴리라는 인형이 스위스에서 어떤 용도로 팔리는지 제대로 알지 못했다. 빌트 릴리는 섹스 상품으로 주로 중년 남성에게 팔려 나가는 인형이었다. 술집이나 담뱃가게에서만 구매할 수 있었던 점도 그런 까

닭에서였다. 그렇지만 루스는 금발 인형이 어린 여자아이가 가지고 놀기에 완벽한 장난감이라는 사실을 한눈에 알아보았다. 그래서 인형 세 개를 사가지고 와서 하나는 딸에게 주고 나머지 두 개를 마텔 사에 가지고 갔다.

그런 다음 잭 리안이라는 기술자의 도움을 받아 디자인을 보완한 후 아름다운 성인 여성의 모습을 한 플라스틱 인형을 만들었다. 그리고 딸 바버라의 이름을 따서 바비라는 이름을 새롭게 붙여주었다. 바비인형은 1959년 3월 9일 뉴욕에서 개최된 미국 국제 완구 박람회에서 첫선을 보였다. 그리고 바비인형은 큰 성공을 거두었다. 여자아이가 있는 집이라면 적어도 한두 개씩은 구입하는 완구계의 히트상품이 되었다. 사람들은 3월 9일을 바비인형의 공식적인 생일로 인정하고 있다.

바비인형이 거둔 성공은 하루아침에 이루어진 게 아니었다. 초기 시장조사에 따르면 풍만한 가슴을 못마땅해하는 부모도 있었고, 미국의 유명한 시어스 백화점은 처음에 '지나치게 섹시한 곡선'을 지닌 인형 판매를 거부하기도 했다고 한다. 그럼에도 바비인형은 출시된 첫해에만 35만 개나 팔렸고, 이후에는 문화적 상징 가운데 하나로 인정받으며 세계에서 가장 인기 있는 장난감이 되었다.

해묵은 옛것을
재해석함으로써
새로운 시장을 개척할 수 있다.
또한 경쟁시장에서 착안한
아이디어를 자신의 일에 도입해
혁신을 꾀할 수도 있다.

윔블던이 홍보해준 배트맨

1989년 여름, 팀 버튼 감독이 메가폰을 잡은 〈배트맨〉이 영국에서 개봉된 후 영화계에 커다란 화제를 몰고 왔다. 그런데 그보다 앞서 수백만 파운드 규모의 마케팅 활동 가운데 수백 파운드밖에 안 되는 비용과 약간의 창의성으로 가장 성공적인 홍보 효과를 기록한 사건이 주목을 받았다.

영화는 6월 말 개봉될 예정이었는데, 영국에서 초여름은 생크림을 얹은 딸기를 많이 먹는 시기일 뿐만 아니라 전통적으로 테니스 경기에 관심이 집중되고 실제로 중요한 윔블던 테니스 선수권대회가 열리는 시기였다. 이 테니스 대회는 BBC가 오랫동안 중계를 맡아왔다. 그런데 BBC는 지상

파 국영방송사여서 광고 방송을 거의 하지 않는다는 게 문제였다. 사람들의 이목이 최고로 집중되는 이때에 광고를 한다면 가장 확실하게 홍보할 수 있을 테지만 사정이 그랬기 때문에 영화 홍보팀은 이 기회를 어떻게든 살릴 수 있는 방법이 없을까 고심에 고심을 거듭했다. 그러다가 드디어 사정을 타개할 수 있는 묘책이 하나 떠올랐다.

홍보 요원들은 가슴 부분에 커다란 배트맨 로고가 그려진 티셔츠 수백 벌을 준비한 다음 대회가 시작되는 날, 경기장 출입문마다 티셔츠를 들고 대기했다. 그리고 경기장을 들어서는 사람들에게 티셔츠를 무료로 나누어주었다. 단, 티셔츠를 받는 즉시 착용해 달라는 간단한 조건을 달았다.

수백 명에 달하는 테니스 팬들은 공짜 티셔츠를 열렬히 환영했고, 받자마자 기꺼이 셔츠를 입어주었다.

경기가 시작되자 평소와 다름없이 텔레비전 중계 방송이 이어졌고 공이 네트 위를 날아갈 때마다 카메라도 이리저리 움직였다. 경기가 끝나갈 무렵, 드디어 환호하는 관중을 클로즈업하기 위해 카메라가 관중석을 향했다. 그리고 하나같이 배트맨 티셔츠를 입은 사람들의 물결이 카메라에 커다랗게 잡혀 전국으로 생중계되었다.

그것은 말 그대로 수십만 파운드에 맞먹는 가치를 절묘

한 타이밍에 기막히게 드러낸 환상적인 장면이었다. 그렇지만 비용을 얼마 들이지 않고 거둔 놀라운 성과였다.

막대한 비용을 들이기보다는 기지와 재치로 승부할 수 있는 기회가 많다. 반토막으로 줄어든 홍보비로 무엇을 할 수 있을지 자문해보라.

비행기를 탄 화학자

포스트잇이 어떻게 탄생하게 되었는지에 대한 일화는 마케팅에 종사하는 사람이라면 대부분 알고 있을 것이다. 그 밖에 접착제 분야의 기술 혁신에 대해 매우 흥미로운 이야기가 또 하나 있다.

독일 종합 생활용품 업체인 헨켈의 전 문서보관 담당자인 볼프강 첸게르링은 세계 최초로 고체풀을 탄생시켰다. 이 세계적 발명품은 하늘을 가르는 비행기 안에서 나온 것이라고 말했다.

헨켈의 접착제 사업 분야에서 일하던 화학자 한 명이 어느 날 회의가 있어 비행기를 타고 출장지로 날아가던 중이었다. 옆에 어떤 여자가 앉아 있었는데, 어느덧 착륙할 때가 되자 화장을 고치기 시작했고, 화학자는 그 모습을 흥미롭게 지켜보았다.

특히 여자가 립스틱을 바르는 모습이 아주 인상적이었다. 립스틱 케이스의 아랫부분을 비틀어서 밀어 올리더니 립스틱 윗부분을 입술에 갖다 대고 아주 간편하게 쓱쓱 바르는 게 아닌가. 손에 지저분하게 묻히지도 않고 부드럽고 매끈하게 바르더니 그것으로 끝이었다.

그 순간 화학자에게 기발한 생각이 떠올랐다. 풀도 저런 식으로 바르면 아주 수월하겠다는 생각이 든 것이다. 그렇게 하면 손에 풀을 묻히지 않아도 되고 접착 면이 아닌 부분에 지저분하게 풀이 묻지도 않아서 아주 깔끔하고 쉽게 바를 수 있을 것 같았다. 이렇게 해서 1969년에 헨켈은 세계 최초로 막대 모양의 고체풀 프릿을 출시했고, 지금도 여전히 전 세계 사람들이 유용하게 사용하고 있다.

영감은 언제, 어디서나
떠오를 수 있다.
새로운 아이디어를 찾아
끊임없이 호기심을 가지고
대상을 바라보아야 한다.

오길비의 롤스로이스 광고

현대 광고의 아버지로 인정받는 데이비드 오길비는 몇몇 광고대행사와 리서치사를 거친 후, 1949년에 '오길비 앤드 매더'라는 광고대행사를 창립했다. 그 후 오길비 앤드 매더는 세계 100여 개국에 지사를 둔 거대 광고회사로 성장했고, 1989년에는 글로벌 미디어 커뮤니케이션 기업인 WPP 마케팅 서비스 그룹에 인수되었다.

1953년에 오길비 앤드 매더는 유명한 롤스로이스 자동차를 고객 명단에 올리는 데 성공하고 이 브랜드의 자동차 광고를 제작하게 되었다.

오길비는 언제나 브랜드를 면밀하게 조사하고 소비자와

시장을 철저하게 분석하는 등 과학적 광고의 중요성을 강조했다. 그래서 이번에도 롤스로이스 회사의 역사와 여러 제품을 조사하는 작업에 착수하고 롤스로이스 자동차의 디자인과 기술, 성능에 대해 자신이 구할 수 있는 모든 자료를 준비해 열심히 읽었다.

자료 조사에 들어간 지 며칠이 흐른 뒤였다. 오길비는 별다른 생각 없이 25년 전 영국에서 발간된 자동차 잡지를 들여다보다가 유독 한 구절에서 눈길을 뗄 수가 없었다. 그 기사는 자동차가 다양한 속도로 주행하는 동안 차 안에서 들리는 소음이 어느 정도인지 측정하는 내용을 다루고 있었다. 특별한 내용이기도 하지만 롤스로이스 기술자가 창안한 최고의 자동차 엔진 기술을 일목요연하게 설명해 놓은 기사여서 오길비는 호기심을 가지고 세심하게 읽어 나갔다.

기사에는 이런 구절이 있었다. "신형 피어스 애로 안에서 들을 수 있는 유일한 소리는 시계 소리입니다." 바로 이 구절에서 오길비는 자동차 성능에 대해 잘 알려지지 않은 흥미로운 사실을 발견했을 뿐만 아니라 아주 중요한 광고 카피를 얻었다.

"시속 100킬로미터로 달리는 신형 롤스로이스 안에서 들을 수 있는 가장 큰소리는 시계 초침소리입니다."

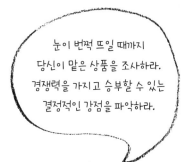

눈이 번쩍 뜨일 때까지
당신이 맡은 상품을 조사하라.
경쟁력을 가지고 승부할 수 있는
결정적인 강점을 파악하라.

새로운 접착테이프의 탄생

3M 사의 연구 보조원으로 일하게 된 딕 드루는 지금까지 여러 방면에서 진로를 모색해 왔다. 한때는 밴조 연주가를 꿈꾼 적도 있고 기술자 과정을 밟다가 중도에 그만두기도 했다. 그러다가 결국 얼마 안 되는 화학 지식을 기반으로 3M 사에서 일을 시작하게 되었다.

딕이 입사할 무렵 3M 사는 최초로 사포와 다른 연마제를 제작하던 중이었다. 딕이 입사하고 처음으로 맡은 임무는 회사가 새로 개발한 웨토드라이 방수 사포의 샘플을 근처 자동차 정비소로 가져가서 시험해 보는 일이었다.

1923년 어느 날 아침, 딕은 회사 근처에 있는 정비소로 들어가다가 "내가 본 것 중 최악이야"라는 푸념 소리를 우연히 듣게 되었다. 자동차 투톤 도색 작업을 하던 기사가 애써 마무리한 작업이 완전히 엉망이 돼버린 것을 확인하고 잔뜩 성질을 부리던 중이었다. 호기심이 발동한 딕은 다가가서 무슨 문제가 있느냐고 물었다.

당시는 혈기 왕성하고 떠들썩한 20대들 사이에서 투톤 도색 차량이 엄청난 인기를 끌던 시절이었다. 그런데 투톤 도색을 하려면 한 가지 색상을 칠하는 동안 자동차의 다른 부분을 제대로 가린 다음에 작업해야 하는데, 그 일이 여간 까다로운 게 아니었다. 게다가 그 작업을 위한 도구도 따로 마련된 것이 없었으므로 두꺼운 방습지에 강력 접착테이프를 사용하거나 낡은 신문지에 서류용 풀이나 수술용 접착테이프를 사용하는 방법밖에는 없었다.

문제는 페인트칠이 마르고 나면 테이프를 떼어내야 하는데, 종이나 테이프를 떼어낼 때 접착력이 강해 얼룩이 지고 새로 칠한 부분까지 같이 떨어져 나오는 경우가 많다는 사실이었다. 그렇게 되면 모든 작업이 헛수고로 끝나고 만다.

딕의 임무는 적극적으로 방수 사포를 소개하고 시범을 보여야 하는 것이었지만 그 순간 딕의 머릿속에는 지금 필요한 것은 접착성이 약한 접착제라는 생각밖에 떠오르지 않왔다.

그리고 무모하게도 자신이 그 문제를 해결해 줄 수 있을 것 같다고 기사에게 공언하고 말았다. 3M 사가 새로운 테이프를 개발하는 데 필요한 몇 가지 요소를 이미 확보한 상태라고 믿었기 때문이다. 접착 성분과 연마 성분을 동시에 지닌 광물질을 이용해 사포를 만들었던 것이다. 딕은 그런 광물질을 테이프 접착제에 넣는다면 도색을 마친 다음 벗겨내기 쉬운 접착테이프를 만들 수 있을 것이라고 생각했다.

딕은 이런 생각을 하며 실험실로 돌아왔다. 그러고는 광물질을 어떻게 적절하게 배합해야 하는지 초조한 마음으로 고민하기 시작했다. 그에 대한 해답을 찾을 수 있다면 가림용으로 특별히 고안된 테이프를 세계 최초로 개발하는 것이다. 딕은 연마 성분이 포함된 접착제를 개발하기 위해 며칠 동안 씨름했다. 하지만 상사인 맥나이트는 딕을 불러 지금 매달리는 과제를 접고 원래 진행하던 방수 사포 작업으로 돌아가라고 다그쳤다. 그러나 다시 본업으로 돌아온 딕은 하루를 넘기지 못했다. 그런 재료를 어떻게 다뤄야 하는지 생각하느라 다른 일에 집중하지 못하고 다시 실험실로 돌아가고 만 것이다. 그러고는 상사의 지시를 무시한 채 열의를 다해 그 일에 매달렸다.

마침내 딕은 광물질이 최적으로 배합되었다고 생각한 연구 결과를 들고 상사에게 찾아갔다. 그런 다음 새로운 접착 테이프를 제작하는 데 필요한 제지 기계를 구매할 수 있게 자금 승인을 해달라고 요청했다. 하지만 상사는 잠시 제안을 고려하는 듯하더니 단호하게 거절해 버렸다.

별수 없이 실험실로 돌아온 딕은 포기하는 대신에 이 문제를 해결할 방법이 없을까 궁리했다. 다행히 한 가지 방법이 생각났다. 자신에게는 연구원 자격으로 최대 100달러까지 물품을 구입하거나 비용을 승인할 수 있는 권한이 있었던 것이다. 그래서 바로 99달러짜리 물품 구매 주문서를 주저 없이 작성했다.

딕은 필요한 기계를 구매해 가장자리에만 접착제를 두른 시제품을 정성껏 만들었다. 그런 다음 정비소로 가져가서 성능 실험을 해보았다. 하지만 얼마 버티지 못하고 테이프가 떨어져 나가자 실망한 자동차 도색 기사가 투덜거리며 딕에게 말했다.

"집어치우고, 당신네 구두쇠 보스한테 가서 테이프에 풀 좀 더 바르라고 하쇼!"

접착제를 조금 발라서 테이프가 떨어진다고 생각한 도색 기사는 딕의 보스를 구두쇠(Scotch, 스코틀랜드인scot의

형용사로 스코틀랜드인은 구두쇠라는 인식이 있었다: 옮긴이)라며 욕을 했다. 딕은 그가 야박하다는 뜻으로 사용한 '스카치 Scotch'라는 단어의 발음이 마음에 들었다. 앞으로 완성될 접착테이프의 이름으로 제격이라고 생각했다. 딕은 기사의 말대로 접착제를 좀 더 충분히 발라 시제품을 보완한 후 스카치 마스킹 테이프라는 이름으로 시장에 출시했고 큰 반응을 얻었다.

나중에 딕은 상사 맥나이트에게 자신이 요구한 기계의 자금을 어떻게 간신히 마련할 수 있었는지 털어놓았다. 마스킹 테이프가 거둔 성공을 고려한다면 맥나이트가 딕을 해고하지 않은 것은 당연한 일이었다. 그리고 맥나이트가 딕을 벌하지 않기로 한 결정은 아주 올바른 선택이었다는 게 드러났다. 딕이 이어서 듀폰 사의 셀로판 종이를 재료로 마스킹 테이프의 변형 상품을 만들어냈기 때문이다. 1930년에는 기름, 합성수지, 고무 등을 이용해서 투명한 접착제를 만들고 뒤에 셀로판을 입힌 스카치 투명 테이프를 만들었다. 이것이 바로 오늘날 우리가 늘 유용하게 사용하는 스카치테이프다. 스카치테이프로 성공한 3M은 1950년부터 다국적기업으로 변신할 수 있었다.

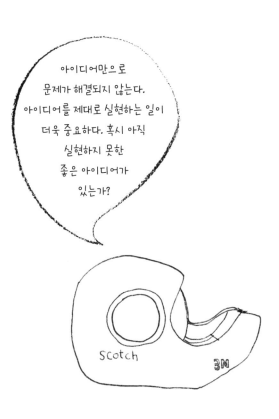

아이디어만으로
문제가 해결되지 않는다.
아이디어를 제대로 실현하는 일이
더욱 중요하다. 혹시 아직
실현하지 못한
좋은 아이디어가
있는가?

호주 목축업자들의
파격적인 광고 카피

몇 년 전, 호주 퀸즐랜드에 사는 목축업자들에게 커다란 걱정거리가 생겼다. 소고기 판매량이 뚝 떨어졌던 것이다. 모두 모여 어떻게 문제를 타개할지 논의한 끝에 광고 캠페인을 벌이자는 데 의견을 모았다.

목축업자들은 시드니에 있는 유명 광고대행사 몇 군데에 연락해서 부진한 소고기 판매를 회복할 수 있는 광고를 제작해 달라고 의뢰했다. 하지만 첨단 마케팅 기술과 창의적인 이미지로 무장한 광고업계 사람들과 단순하고 직설적인 화법에 익숙한 농부들이 원활하게 의사소통을 나눌 수는 없었다. 농부들은 광고업자들이 얘기하는 브랜드 포지셔닝이나 핵심 표적집단, 이미지 구축 같은 말을 도통 알아들을 수가 없었고 자극과 반응을 구별해야 할 필요성도 느낄 수가 없었다.

간단히 말해 농부들은 과장이 심한 배우들이 나와서 쓸데없는 소리를 쏟아내고 있다고 생각한 것이다. 농부들의 눈에는 단지 소고기를 더 많이 팔고 싶을 뿐이라는 사실을 광고업자들이 잘 이해하지 못하는 것처럼 보였다. 결국 창의적인 도시 광고업자들은 아무 성과 없이 시드니로 돌아가고 말았고, 농부들은 여전히 단순하면서도 강렬하고 직접적인 방법이 필요하다고 확신했다. 게다가 그다지 어려운 일도 아니라고 생각한 농부들은 직접 광고를 만들기로 결정했다. 그때 한 농부가 이렇게 말했다.

"그게 뭐 그리 어려울 게 있겠어? 사람들한테 소고기 좀 많이 먹으라고 하면 되는 거잖아!"

그 결과 각종 광고 게시판과 티셔츠에, 정육점 창문에, 자동차 스티커에 세계에서 가장 유명하고 단순한 광고가 나붙었다. 유명하고도 악명 높은 광고의 요지는 이랬다.

"소고기 좀 많이 먹어라, 이놈들아.Eat More Beef You Bastards."

고객의 특성을 파악하고
그에 맞게 상대하는 것이 늘 중요하다.
잠재고객에게 어떤 방식과 내용으로
다가가는 게 옳은지 판단하고 행동하라.

밀푀유를 아이스크림으로
만든다면?

유니레버의 영국 현지 자회사인 월스는 1922년에 처음으로 아이스크림을 만들어 출시했다. 그로부터 많은 시간이 흘러 월스는 세계적인 아이스크림 브랜드로 성장했고, 지금도 항상 새로운 아이디어를 구상하고 개발하기 위해 노력하고 있다. 그런데 지금까지 수백 가지에 달하는 혁신적인 요소를 도입해 오는 동안 아직도 출처를 밝히지 못한 사항이 있다. 그것은 생일 케이크와 함께 전해 받은 비법이었다.

1980년 어느 날 신상품 개발팀에서 근무하는 한 직원이 누군가로부터 특별한 생일 케이크를 받았다. 그리고 그날 옆에서 지켜보던 부인은 밀푀유를 만드는 레시피가 함께 들어 있는 것을 발견했다. 밀푀유는 프랑스식 디저트로, 얇은 페이스트리 사이에 크림과 잼 등을 켜켜이 쌓아 만든 파이인데, 프랑스어로 직역하면 '천 겹의 잎사귀'라는 뜻이다.

훌륭하게 차린 저녁식사가 끝나자 부인은 동봉된 레시피에 따라 만든 밀푀유를 깜짝 선물로 내놓았다. 손님들의 반응은 예상한 것보다 훨씬 좋았다. 남편도 얇고 바삭바삭한 페이스트리와 진하면서도 부드러운 크림이 환상을 이루고 독특한 질감을 자아낸다며 아주 기뻐했다.

다음 날 회사로 출근한 직원은 아내가 만들어준 생일 케이크가 얼마나 근사했는지 동료들에게 자랑했다. 그러다가 문득 어떤 영감이 떠올랐다. 그토록 환상적인 밀푀유를 먹는 경험을 아이스크림에 적용해 보면 어떨까 하는 생각이었다.

아이스크림은 밀푀유의 크림을 대신할 수 있고 초콜릿을 얇게 켜켜이 얹으면 입 안 가득 군침이 도는 페이스트리를 대신할 수 있을 거라는 생각도 들었다.

하지만 혁신적인 아이디어를 현실에 적용하는 과정이 그렇듯, 그리 복잡해 보이지 않는 아이디어라 하더라도 그것을 실행에 옮기는 일은 또 다른 문제였다. 아이스크림을 켜켜이 쌓고 초콜릿을 아주 얇게 겹겹이 바르는 일에는 여러 효율적인 방법을 개발하고 실험한 다음 완벽한 실물을 만들어내는 과정이 필요하기 때문이다.

드디어 모든 단계를 거치고 월스 비엔네타라는 아이스
크림 케이크가 탄생하여 전국 각지에 팔렸다. 그리고 지금도
여전히 50개 이상의 국가에서 인기를 누리는 상품이 되었다.

혁신을 불러오는 영감은
멀지 않은 곳에서 온다.
당신은 혁신을
어디에서 찾고 있는가?

한 카피라이터가
염색약 회사로 보낸 편지

카피라이터 셜리 폴리코프가 초기에 히트시킨 광고 문구는 '클레어롤' 염색약이었다. 샴푸와 염색약 등을 생산하는 미국의 미용 전문업체인 클레어롤은 몇 가지 어려움에 봉착해 있었다. 1950년대 후반은 염색에 대한 인식이 좋지 않던 시절이었다. 머리를 금발로 물들인 여자는 노는 것만 좋아하는 방탕한 여자애라는 사회적 인식이 있었다. 셜리는 그런 부당한 상황에 분개했다. 여성은 자신이 원하는 방식대로 외모를 가꿀 권리가 있다고 믿었기 때문이다.

클레어롤의 유명한 광고는 그런 분노에서 비롯되었다. 그래서 클레어롤의 가장 큰 목표는 금발에 대한 고정관념을 완전히 바꿔놓자는 것이었다. 셜리는 광고 제작에 앞서 금발 미녀 역할에 도리스 데이라는 청순한 배우를 쓰자고 제안했고, 화면에 큰 글씨로 '저 여자 한 거야, 안 한 거야?'라는 문구와 함께 그 아래에 '염색한 것일까요, 아닐까요? 진실은 미용사만 알 수 있습니다'라는 작은 문구를 넣었다.

광고대행사 사장 데이브 트로트는 클레어롤 광고가 우수한 점이 신선하고 건전한 이미지를 지닌 금발 미녀와 함께 그런 이미지와 대립되는 묘한 광고 문구를 사용한 사실이라고 평가했다. 모르긴 해도 옆집 미녀가 이 남자, 저 남자 만나는 방탕한 여자로 보기에는 너무 청순해 보인다는 것이었다.

사실 광고에서 보이는 이미지가 올바른 것인지 아닌지 소비자가 알 길은 없다. 클레어롤은 걱정이 앞서기는 했지만 마침내 모든 사람이 동의해서 준비하고 촬영한 광고를 내보내기로 했다. 단, 조금이라도 문제될 기미가 보이면 언제라도 광고를 내린다는 전제를 달았다.

그런데 그런 우려와 걱정이 놀라움으로 바뀌기 시작한 것은 수많은 편지가 클레어롤 회사로 날아들면서였다.

그중에서도 특히 눈에 띄는 편지 한 통이 있었다.

"먼저, 제 인생이 새롭게 변하도록 도와주셔서 감사합니다.

제 남자친구 해럴드와 저는 사귄 지 5년이나 되었지만 남자친구는 결혼 날짜를 잡을 생각이 없어 보였습니다. 그래서 저는 신경이 예민해졌습니다. 서른을 앞두자 어머니는 더 늦으면 결혼하기 힘들어진다는 말씀을 계속 하셨고요. 그러던 어느 날 지하철에서 우연히 클레어롤 염색약 광고를 보게 되었습니다. 저는 일단 시도해 보기로 결심하고 머리를 금발로 물들였죠. 덕분에 저희는 지금 버뮤다에서 행복한 신혼여행을 즐기고 있답니다."

회사 직원은 모두 그 편지를 돌려 읽으며 환호했고, 곧바로 전국 판매라는 다음 회의 안건이 잡혔다. 광고에 대한 회의와 우려의 시선은 깨끗이 사라졌다. 그로부터 10년이 흐르면서 여성이 머리를 염색하는 비율은 7퍼센트에서 40퍼센트로 상승했고, 금발에 대한 인식도 야하고 부정적인 이미지에서 발랄하고 자신감이 넘치는 이미지로 변모했다. 그에 따라 연 매출은 2,500만 달러에서 2억 달러로 성장했다.

하지만 데이브 트로트가 생각하기에 셜리 폴리코프가 정말 대단한 사람이라고 보인 까닭은 단순히 광고를 구성하는 아이디어가 아니라 나중에, 그것도 한참이 지나 밝혀진 사실 때문이었다.

1973년에 퇴직하는 셜리를 위해 마련한 송별회 자리에서 셜리가 만든 광고에 고무되어 여성 평등과 페미니즘이 얼마나 많이 실현되고 성숙했는지에 대한 얘기가 오갔다. 그때 셜리가 일어나 모두에게 감사하다는 인사를 전한 다음, 염색약 광고를 응원한다며 모든 직원에게 용기를 주었던 그 편지를 기억하느냐고 물었다. 물론 모두가 웃으면서 고개를 끄덕였다. 그러자 셜리는 이렇게 말했다.

"사실, 그건 제가 쓴 편지예요."

영향력 있는 브랜드나 광고를 만드는 일은 사람들의 옛 사고방식을 바꾸는 일일 수도 있다. 당신의 브랜드는 낡은 관습에 도전할 준비가 되어 있는가?

상점의 개념을 바꾼
마트의 탄생

젖을 먹겠다고 서로 밀치며 파고드는 배고픈 새끼 돼지들을 보면서 과연 어떤 영감을 받을 수 있을까?《100개의 레시피에서 본 음식의 역사》를 저술한 윌리엄 시트웰이 들려주는 얘기에 따르면 클래런스 손더스는 젖을 먹으려고 달려드는 돼지들을 보다가 좋은 생각이 떠올랐다고 한다.

클래런스가 도입한 방식은 현대의 소매업, 즉 오늘날 슈퍼마켓에서는 흔히 볼 수 있는 광경이지만 당시로서는 매우 혁신적인 기초를 제공한 것이었다. 1916년 어느 날, 클래런스는 인디애나에서 출발한 기차를 타고 있었다. 우연인지, 필연인지 돼지 농장 옆을 지나칠 때 기차는 속도를 줄인 채 천

천히 달리던 중이었다.

창문 너머로 새끼 돼지들이 젖을 먹겠다고 어미 돼지 주위로 와글와글 모여드는 모습이 보였다. 클래런스는 그 모습이 자신이 잘 아는 식료품점에서 보던 광경과 너무도 흡사하다고 생각했다. 당시는 점원이 일일이 물건을 찾아서 가져다주고 계산을 하는 방식이었기 때문에 손님이 많이 몰려드는 시간에는 물건을 사려면 꼼짝없이 줄을 서서 기다리는 수밖에 없었다. 클래런스는 새끼 돼지들을 보면서 막연히 뭔가 더 좋은 방법이 있을 것 같다고 생각했다. 그러다가 문득 좋은 아이디어가 떠올랐다.

그로부터 몇 달이 안 돼서 클래런스는 자신의 첫 번째 가게를 열었다. 그런데 그 가게에는 주문을 받는 계산대나 점원의 모습을 볼 수 없었다. 대신에 물건을 사러 온 손님이 알아서 원하는 물건을 자유롭게 고르고 물건 값도 스스로 지불해야 했다. 셀프서비스 방식의 슈퍼마켓은 이렇게 탄생했고 가게는 즉각 화제가 되면서 엄청난 인기를 끌었다.

그 후 7년 만에 이와 같은 방식의 체인점이 1,268개나 생겨났고, 클래런스는 새끼 돼지들에서 영감을 얻은 사실을 기념하여 체인점 이름을 피글리위글리로 지었다.

마케팅 담당자는 하루 24시간
쉼 없이 호기심을 가지고
주변을 살펴야 한다.
그래서 언제든지 영감의 레이더망에
걸려든 아이디어를
포착할 수 있어야 한다.

실행

dilivery

5,126번의 실패가 만든
다이슨 청소기

영국의 산업디자이너인 제임스 다이슨은 '보통과 다른' 방식으로 일하는 것을 좋아했다.

어느 날 다이슨은 집에서 청소를 하다가 진공청소기가 제대로 먼지를 흡입하지도 못하면서 요란한 소리만 내는 것을 보고 몹시 짜증이 났다. 진공청소기의 먼지봉투 구멍과 필터는 먼지가 찰 때마다 너무 자주 막혔고 그러다 보니 흡입력이 떨어져서 청소기가 거의 작동을 못하는 지경이 되었기 때문이다. 더 이상은 안 되겠다고 생각한 제임스는 자신이 직접 먼지봉투와 필터가 필요 없는 청소기를 만들기로 결심했다.

하지만 새로운 기술이 필요한 청소기를 만드는 일이 쉬

울 리가 없었다. 5년에 걸쳐 5,126개나 되는 시제품을 만들고 실패를 거듭한 후에야 제임스는 만족스러운 상품을 개발할 수 있었다. 무엇 때문에 그렇게 오랜 시간이 걸린 것일까? 제임스는 '보통과 다르게' 생각하는 데 그렇게 많은 시간과 착오가 필요했다며 이런 설명을 덧붙였다.

"처음 청소기를 만들고자 했을 때에는 책에서 보던 대로 평범한 형태의 회오리바람을 이용하려고 애썼습니다. 하지만 그런 식으로는 카펫의 솜털이나 애완동물의 털, 실오라기 등을 분리해 낼 수가 없었지요. 청소기 안에서 둥글게 뭉치거나 밖으로 빠져 나가 모터 안으로 빨려 들어갈 뿐이었습니다. 온갖 방법을 동원해 보았지만 어느 것도 제대로 되지 않았습니다. 그래서 저는 그동안 잘못된 방식이라고 생각한 다른 형태를 시도해 보면 어떨까 하고 생각했습니다. 그래서 원뿔을 뒤집어놓은 모양으로 집진장치를 달아보자 제가 생각한 대로 작동하기 시작했습니다. 잘못된 방식이라 생각한 것을 시도하는 일은 말처럼 쉽지 않습니다. 많은 사람들이 하는 방식은 늘 옳고 우리는 늘 그들처럼 하도록 배워왔기 때문입니다."

제임스가 영감을 얻은 것은 사무실 근처에 있던 목공소에서 사용하는 공기정화기였다. 목공소 사람들은 높이가

9미터가 넘는 원뿔형 원심분리기를 이용해 목공소 안의 톱밥을 걸러내고 있었는데, 그 원리는 공기를 빠른 속도로 회전시켜 발생하는 원심력으로 먼지를 공기 중에서 분리하는 것이었다. 제임스는 진공청소기에 이런 원심력을 이용한 집진장치를 장착한다면 이를 통해 아주 미세한 먼지까지 분리해낼 수 있을 것이며, 그렇게 되면 먼지봉투와 필터도 필요 없을 것이고 청소기가 막힐 이유도 없을 것이라고 생각했다. 그렇게 해서 막힘없는 흡입력을 자랑하는 듀얼 사이클론 방식의 진공청소기가 탄생하게 되었고, 먼지봉투 없는 최초의 청소기인 다이슨 청소기는 18개월 만에 영국 내에서 판매 1위를 자랑하는 청소기가 되었다.

한편 시장조사에 따르면 소비자들이 먼지를 받아내는 투명 용기를 마음에 들어 하지 않을 것이라고 예측했지만 제임스와 디자인팀은 투명 용기를 그대로 사용하는 '보통과 다른 방식'을 한 번 더 시도해 보기로 결정했다. 그 결과 투명 용기는 먼지가 쌓이는 모습을 사용자가 눈으로 확인할 수 있게 해줌으로써 진공청소기의 성능을 확인시켜 주는 색다른 수단이 되었다. 덕분에 투명 용기는 소비자들에게 더 많은 호응을 이끌어내면서 다이슨 청소기만의 고유한 특징으로 자리 잡았다.

기존의 상식을 뒤집어보고
보통과 다른 방식으로 행동할 때
결정적인 해법이 보일 때가 있다.
그렇게 발상을 전환하고 행동을 바꿀 때
더 나은 결과를 얻을 수 있다.

동전던지기로 시작한 창업,
이노센트드링크

기업들 사이에서 유난히 많은 주목을 받는 브랜드가 있다. 1980년대와 1990년대에는 버진 그룹이 그랬고, 2000년대에는 영국의 '이노센트드링크'가 그랬다. 이노센트드링크는 리처드 리드, 애덤 바론, 존 라이트가 함께 창립한 회사다. 이들은 모두 케임브리지 대학을 졸업한 후 각자 기업에서 일하다가 화학 첨가물은 물론 얼음이나 물도 섞지 않은 100퍼센트 천연 과일주스를 만들겠다는 생각으로 다시 뭉쳤다.

지난 10년 동안 수많은 사람들의 입에 오르내릴 정도로 대단한 성공을 거둔 이노센트 브랜드가 사실은 그다지 심각한 고민 없이 창립을 결정했다고 한다면 아마 많은 사람들이

의아해할 것이다. 이 세 공동 창립자는 초기에 자신들이 수행한 시장조사를 확신할 수 없어서 결국 동전 던지기를 통해 창업을 할지 말지를 결정하게 되었다. 리처드는 자신들의 창업 스토리를 홈페이지에 자세하게 올려놓았다.

"1998년 2월, 우리 셋은 스물여섯 살의 동갑내기 친구로 런던에서 함께 살며 각자 다른 직장을 다니고 있었습니다. 하지만 우리는 함께 사업을 시작하고 싶어서 늘 머리를 맞대고 이것저것 아이디어를 짜보곤 했습니다. 그러다 보니 술도 많이 마시고 피자나 햄버거 등 인스턴트 음식도 많이 먹게 되었죠. 자연스럽게 우리는 건강 음식이라는 어려운 문제를 생각하게 되었고, 모두가 건강한 식사가 가져다주는 혜택을 알면서도 바쁜 현대인의 생활방식 때문에 그럴 여유가 없다는 사실을 다시 한 번 떠올릴 수 있었습니다.

그러다가 우리는 순도 100퍼센트 천연 과일주스가 건강한 식습관을 형성하는 데 상당한 도움이 되고 누군가 그것을 제조해서 판매한다면 사람들도 만들어 먹는 수고를 덜 수 있을 것이라는 결론에 도달했습니다.

그로부터 대략 6개월이 지나 우리는 오렌지, 바나나, 파인애플 등으로 만든 과일주스 레시피를 개발했고, 친구나 가족을 제외한 사람들에게 그 음료를 시험해 볼 필요가 있다는 사실에 모두 동의했습니다.

우리는 500파운드어치 과일을 사들고 파슨스 그린이라는 환경 마을로 찾아가 그곳에서 열리는 작은 음악회 자리에 가판대를 마련했습니다. 그 마을에 가면 많은 사람들이 우리가 만든 상품에 관심을 기울일 것 같다는 생각이 들었기 때문입니다.

처음에 우리는 음료를 맛본 뒤 작성하는 세 페이지짜리 설문지를 준비했습니다. 하지만 그날따라 날씨는 어찌 그리 화창한지 누구라도 쭈그려 서서 설문지를 작성하고 싶을 것 같지 않았습니다. 우리 셋 역시 똑같은 생각이 들었는데, 누군가 먼저 얘기를 꺼냈습니다. "어찌 됐든 사람들이 이걸 사고 싶은지 아닌지만 알면 되는 거 아니야?"

그래서 우리는 즉석에서 다음과 같은 말을 적은 표지판을 하나 만들었습니다. '여러분은 우리가 다니던 직장을 그만두고 이런 주스를 만들어야 한다고 생각하십니까?' 그런 다음 표지판 옆에 예스라고 적힌 상자와 노라고 적힌 상자를 나란히 두었습니다. 우리는 예스 상자가 가득 차면 다음 날 직장을 그만두자고 서로에게 약속했습니다.

결과를 말하자면 예스 상자가 가득 찼습니다. 하지만 우리는 왠지 확신이 들지 않아서 집으로 돌아가 동전 던지기를 했습니다. 그런데 놀랍게도 세 번이나 연달아 예스라는 대답이 나왔습니다. 마침내 우리는 모두 월요일 아침에 사표를 던졌습니다."

그리고 다음은 이 자리에서 굳이 얘기할 필요가 없을 것이다.

월트디즈니 회의에 참석한 벵골호랑이

플로리다주 디즈니월드에 새롭게 조성될 테마파크 '동물의 왕국'의 기획을 이끌던 조 로드는 이 대규모 프로젝트가 결국 최종 승인을 받지 못하는 건 아닐까 걱정되기 시작했다. 그나마 월트디즈니 CEO 마이클 아이스너는 조 로드의 기획에 호의적이었지만 다른 전략 기획 담당자들은 지나치게 부정적으로 반응했다. 1980년대 후반은 경기가 불황으로 접어드는 시기여서 기존의 테마파크 사업도 고전을 면치 못하고 있었다. 더군다나 동물의 왕국은 캘리포니아주 디즈니랜드보다 규모가 다섯 배에 이르는 초대형 테마파크였다.

몇 개월에 걸쳐 여러 차례 회의를 열고 설득했지만 조는 별다른 성과를 보지 못했다. 전략 기획자들은 여전히 회의적이었을 뿐만 아니라 동물의 왕국 기획은 기존의 동물원과 차원이 다른 문제라는 사실을 인정하려 들지 않았다. 급기야 아이스너마저도 회의적인 생각에 전염되었는지 "나는 살아있는 동물에서 우리가 어떤 흥분을 느낄 수 있는지 아직도 잘 모르겠다"고 말하기에 이르렀다.

조는 디자이너, 화가, 작가, 엔지니어 등 다양한 인력으로 구성된 기획팀 전원을 소집했다. 이들은 처음 디즈니랜드를 구상할 때부터 함께 작업하고 지금까지도 끊임없이 디즈니랜드를 개선시켜 온 주역들이었다. 조는 경영진을 비롯한 전략 기획자들의 마음을 바꿔놓을 만한 획기적인 방안을 마련해야겠다고 결심했다.

마침내 조는 다음 회의 시간에 자신을 도와줄 조력자를 데리고 들어갔다. 그 조력자는 사람이 아니라 살아 있는 동물, 몸무게가 180킬로그램이 넘는 벵골호랑이였다.

회의장에서 호랑이가 들어오는 모습을 망연자실 바라보던 사람들은 살아 있는 동물을 가까이서 지켜볼 수 있는 일이 얼마나 어마어마한 관심과 흥분을 이끌어낼 수 있는지 깨닫지 않을 수 없었다. 결국 조와 기획팀은 최종 승인을 받을 수 있었고, 1998년 디즈니월드는 동물의 왕국이라는 새로운 테마파크를 개장했다.

냉정하고 완고한 전문가 역시 인간이다.
감정의 동물인 인간을 움직이려면
감동적인 이야기와 극적인 드라마가
필요할 때가 있다.

깨진 유리창을 이어붙인
타이레놀의 용기

1982년 9월 29일, 열두 살짜리 소녀 메리 켈러만은 갑자기 머리가 아프고 속이 메스꺼워 잠에서 깨어났고 초강력 타이레놀 캡슐 하나를 복용했다. 그런데 불행하게도 메리는 한 시간도 안 돼 사망하고 말았다. 같은 날 아침, 우편 배달원인 애덤 제이너스 역시 초강력 타이레놀을 먹고 얼마 지나지 않아 사망했다. 그리고 슬픔을 억누르던 애덤의 형 제임스와 형수 테레사도 애덤의 욕실에 놓여 있던 타이레놀을 복용하고 나서 48시간 안에 사망하고 말았다.

　비슷한 시기에 시카고에서 독극물이 포함된 초강력 타이레놀을 복용한 뒤 사망한 사람이 추가로 세 명이 늘어나고 무고한 시민 일곱 명이 어이없이 목숨을 잃는 사건이 잇달아 일어났다.

경찰은 즉각 대대적인 조사에 들어갔다. 한편 라디오에서는 사건을 상세히 보도하는 뉴스가 연이어 흘러나왔고, 보도를 들은 소방관 두 명은 라디오 방송국에 전화를 걸어 사망 사건과 타이레놀에 모종의 연관이 있는 것 같다는 견해를 전했다.

조사에 들어가자마자 초강력 타이레놀 캡슐에 시안화칼륨이 뒤섞여 있다는 사실이 드러났다. 이는 냄새나 색깔도 없는 물질로, 소금과 입자가 매우 유사한 과립 모양의 청산가리였다. 놀랍게도 캡슐마다 치사량을 훨씬 넘는 양의 청산가리가 포함되어 있었던 것이다.

하지만 사망자들이 복용한 타이레놀은 각기 다른 공장에서 생산되었고, 구매처 또한 모두 달랐다. 경찰은 누군가 약국 선반에 진열된 타이레놀을 가져다 허술한 포장을 뜯어 문제의 청산가리를 섞어 넣었을 가능성이 있다고 결론을 내렸다.

이 사건으로 타이레놀의 제조사인 존슨앤존슨은 무척 난감한 입장에 처하고 말았다. 주요 상품 가운데 하나인 초강력 타이레놀이 한 도시에서 무고한 시민 일곱 명의 목숨을 앗

아간 것이다. 그때까지 존슨앤드존슨은 대외 홍보를 전담하는 부서나 위기관리 부서를 따로 마련한 적이 없었다. 하지만 경찰과 식품의약국의 도움을 받아 몇 가지 중대한 결정을 내리고 우수 운영 사례의 표본을 보여주는 결정적인 조치를 취했다.

첫 번째 사망 보도가 나간 뒤 일주일이 지난 1982년 10월 5일, 존슨앤드존슨은 초강력 타이레놀 캡슐을 전국에서 모두 회수한다고 발표했다. 전량 회수 방침은 엄청난 대가를 치러야 하고 대단한 용기가 필요한 결정이었다. 대략 1억 달러 이상의 소매가에 해당하는 3,100만 병 정도를 회수해서 버리는 일이었기 때문이다. 게다가 이미 구매한 초강력 타이레놀 캡슐을 가져온 소비자에게는 조작이 어려운 알약 형태의 타이레놀로 교환해 주기까지 했다. 이런 대량 회수는 의약업계에서는 일찍이 전례가 없던 일이었다. 그 결과 존슨앤드존슨의 시장점유율은 35퍼센트에서 8퍼센트로 폭락했다.

존슨앤드존슨은 타이레놀 회수 업무를 전담하는 부서를 마련한 다음 일반 대중에 퍼진 공포심을 완화시키고 매체의 관심에 현명하게 대응하기 위해 무료 상담전화 1,800대를 설치했다. 그리고 두 회선을 가동해 한쪽은 대중을 상대로 질문에 답하면서 타이레놀 이용자들의 우려를 덜어주도록 했고, 다른 한쪽은 언론사를 대상으로 회수 관련 작업에 대한 보고를 매일 새롭게 녹음해서 들려주도록 했다.

한편 제임스 버크 존슨앤드존슨 회장은 언론의 주목을 피하는 대신에 직접 시사잡지 인터뷰에 응하고 뉴스 방송이나 토크쇼 프로그램에도 출연해 비극적인 사건에 대해 공개 사과한 뒤 회사가 어떤 후속 조치를 취하고 있는지 설명했다. 이런 적극적인 대응 덕분에 대중은 존슨앤드존슨 기업의 인간적인 면모를 확인하게 되었다.

그 밖에도 시카고 경찰국과 식품의약국, FBI와도 긴밀한 관계를 유지하며 의혹을 풀어나갈 수 있게 협조하고, 용의자에 대한 정보 제공의 대가로 10만 달러라는 현상금을 걸기도 했다. 하지만 타이레놀 살인자는 발견되지 않았고 현상금도 주인을 찾지 못한 채 그대로 남아 있었다.

나중에 존슨앤드존슨은 따로 상품 컨설턴트를 초빙해 함께 작업하는 방식을 도입했고, 조작이 불가능하도록 정제 아교를 입힌 캡슐을 처음으로 개발해 타이레놀 젤캡이라는 이름을 붙였다. 1982년 11월 11일에는 3중 밀폐 방식으로 포장된 타이레놀을 개발했고, 대대적인 광고 전략과 함께 한 병당 최대 2.5달러까지 절약할 수 있는 가격 할인행사를 펼치기도 했다.

이런 여러 가지 노력 덕분에 소비자들은 이제 타이레놀을 안심하고 복용할 수 있는 브랜드로 여기게 되었다.

지금도 존슨앤드존슨은 상품의 질과 포장을 향상시키기 위해 노력을 게을리 하지 않고 있다. 조작 방지용 포장 방법을 늘 새롭게 고안하는가 하면 상품이 소매지로 출하되기 전에 실시하는 무작위 검사도 도입했다.

사건이 발생한 지 채 1년도 되지 않아 존슨앤드존슨의 시장점유율은 다시 29퍼센트로 상승했고, 사건 7년째에는 타이레놀이 다시 미국에서 가장 인기 있는 진통제가 되었다. 현재 시장점유율은 사건이 일어나기 전 수치인 35퍼센트로 회복되었다.

위기가 닥쳤을 때 문제를 회피하거나
지킬 수 없는 약속을 하는 것은
상황을 악화시킬 뿐이다. 오히려
지나치다 싶을 정도로 보상해야 한다.
당장의 손해보다 중요한 것은
신뢰를 회복하는 일이다.

광산에서 시작된 치킨요리,
난도스

페르난도 두아르테와 로버트 브로즌은 오랜 친구 사이였다. 어느 날 페르난도가 최근에 발견한 음식점에 함께 가보자고 로버트에게 제안하자 로버트도 흔쾌히 그러자고 했다. 페르난도는 그 음식점에서 파는 치킨이 이제껏 먹어본 것 중에 최고라고 설명했고, 신이 나서 설명하는 친구에게 로버트도 그럴 거라며 맞장구를 쳐주었다. 하지만 자신과 친구의 미래에 얼마나 좋은 일이 기다리고 있는지에 대해서는 전혀 짐작하지 못했다.

음식점은 나무로 지은 작고 소박한 건물에 있었다. 건물은 남아프리카공화국 요하네스버그 남부에 자리 잡은 작은 광산 마을인 로제튼빌의 큰길가에 있었다. 바로 '치킨랜드' 라고 불리는 곳이었다. 그 지역에서 유명한 음식은 페리페리 치킨이었는데, 이 요리의 기원을 추적하기 위해서는 남아프리카공화국을 거쳐 포르투갈과 그 식민지였던 모잠비크까지 거슬러 올라가야 한다.

역사서에 따르면 16세기에 포르투갈 사람들이 모잠비크에 정착해 살기 시작할 때, 그곳에서 '필리필리' 고추를 발견하고 맛을 본 정착민들이 조금씩 포르투갈 요리에 첨가해서 먹었다고 한다. 고추의 자극적인 맛이 음식 맛을 한결 돋우어주었으므로 평소 먹는 요리에 즐겨 사용했다고 하는데, 포르투갈 발음이 섞이면서 '페리페리'가 되었다는 말이 있다. 정착민들은 바비큐용 고기를 재워두는 소스에도 이 고추를 첨가했는데, 이런 요리법은 모잠비크 현지인들에게도 인기를 끌며 대중화되었다고 한다.

1886년에 요하네스버그 부근에 있는 고원지대인 위트와테르스란트의 금광이 유명해져 사람들이 몰려들자 포르투갈계 모잠비크인들도 금광을 찾아 살던 곳을 떠나 요하네스버그 부근으로 터전을 옮기게 되었다. 그때 페리페리 치킨을 포함해 평소에 즐겨 먹는 음식과 식재료를 가져간 것은 당연한 일이었다. 그들 중에는 함께 온 사람들과 지역 주민을 대상으로 광산 마을 이곳저곳에 음식점을 차린 사람들도 있었는데, 그렇게 해서 페리페리 치킨을 주 요리로 하는 치킨랜드가 형성되었던 것이다.

1987년에 페르난도와 로버트가 먼 곳에서 날아와 맛있게 먹은 요리가 바로 이 페리페리 치킨이었다. 요리는 페르난도가 장담한 그대로 아주 훌륭했다. 음식을 먹으면서 두 친구는 함께 계획을 세우기 시작했다. 그리고 레시피는 물론 음식점까지 사들이는 게 좋겠다고 합의를 보았다.

다행히 거래는 별 무리 없이 성사되었다. 음식점 이름은 페르난도가 보물을 발견한 사실을 존중해 '페르난도스'로 고쳐 짓기로 했다. 하지만 이미 그런 이름을 가진 음식점이 있다는 사실을 알고는 페르난도를 짧게 줄여 간단하면서도 정감 있는 '난도스'로 정했다.

다음으로 두 사람은 새로운 음식점을 어떤 분위기와 느낌으로 장식할지 상의했고, 포르투갈과 아프리카 양쪽의 분위기를 모두 살리기로 결정했다. 로고는 포르투갈 바르셀루스에서 볼 수 있는 수탉의 모습을 본떠서 만들고, 음식점 내부는 아프리카 화가들이 그린 미술 작품들을 이용해 꾸미기로 했다.

그 후 난도스는 최초의 포르투갈 정착민들처럼 유럽을

시작으로 세계 각지로 여행을 떠났다. 그리고 이제는 20개가 넘는 나라에서 튼실하게 뿌리를 내리며 번성하는 글로벌 프렌차이즈 레스토랑이 되었다.

훌륭한 브랜드는
좋은 상품이나 서비스로
기억되는 경우가 많다.
당신의 상품과 서비스의 질은
만족스러운가?

디즈니랜드의
주차요원 교육하기

미키 마우스라는 캐릭터를 탄생시킨 사람은 월트 디즈니지만 캐릭터에 이름을 붙여준 사람은 월트의 아내였다. 미키 마우스가 탄생한 후에도 월트는 쉬지 않고 수많은 이들이 '꿈과 행복을 발견하는 곳'을 건설했다. 디즈니 부부가 결혼 30주년을 맞는 1955년 9월 23일에 거대한 테마파크인 디즈니랜드가 캘리포니아에서 문을 연 것이다.

이 놀라운 환상의 세계는 소비자나 단골손님 하나 없이 성공을 거두었다. 심지어 이곳에는 직원이 하나도 없는 듯했다. 이곳에서 마주칠 수 있는 사람은 오로지 '관객'과 이들에게 봉사하며 각자의 배역을 성실히 수행하는 '배우'가 전부였다.

하지만 디즈니랜드가 엄청난 성공을 거둔 요인은 할리우드에서나 구경할 것 같은 이런 화려하고 특별한 복장을 갖춘 출연진 때문만은 아니었다. 오히려 월트 디즈니를 비롯해 회사가 세심한 것까지 하나하나 신경 쓰고 관리한 덕분이라고 할 수 있다.

디즈니 회사는 관객들이 영원히 잊지 못할 황홀한 경험을 하고 돌아가기를 간절히 바랐다. 그러기 위해서는 출연진뿐 아니라 배후에서 일하는 요원까지 모두 제 역할을 충실히 수행해야 한다고 믿었다.

초기 최고경영자인 마이클 아이스너는 인터뷰에서 미키마우스 같은 캐릭터를 연기하는 배우보다 주차요원의 역할이 더 중요하다고 강조했다. 누군가는 주차요원의 역할이 창조적이지 않으므로 덜 중요하다고 생각할지 모른다. 하지만 마이클 아이스너는 이렇게 말했다.

"주차요원이야말로 관객이 디즈니랜드에 들어서는 순간 처음 만나는 사람이기에 가장 중요한 인물입니다. 주차요원은 디즈니랜드에서 그날 예정된 행사나 퍼레이드 시간, 점심 식사를 할 만한 좋은 장소에 대해 무엇이든 대답할 수 있어야 합니다."

퍼스트레이디의 마가린 광고는
왜 실패했을까?

엘리너 루스벨트는 아주 감동적인 인생을 살다 간 인물이다.
1933년부터 1945년까지 미국 대통령 부인으로 지내면서
32대 대통령이자 미국 역사상 유일하게 4선에 성공한 프랭
클린 루스벨트의 뉴딜정책을 지지하고 보조했다.

　　1945년 루스벨트 대통령이 사망한 후에도 엘리너는 계
속해서 국제적으로 저명한 저자, 연설가, 정치활동가로 바쁘
게 지냈다. 또한 여성 노동자들의 지위를 향상시키기 위해 끊
임없이 노력했지만 의회가 추진하는 남녀평등 헌법 수정안
에는 반대했다. 그것이 오히려 여성들에게 악영향을 줄 수 있
다고 믿었기 때문이다.

1945년부터 1952년까지는 유엔 총회 대표로 일하면서 세계인권선언의 초안을 마련하고 승인하는 위원회를 이끌기도 했다. 33대 대통령인 해리 트루먼은 인권 향상에 기여한 업적에 찬사를 보내며 엘리너를 '전 세계의 영부인'으로 지칭했다.

이렇게 훌륭한 여성에게 어떤 브랜드를 지지하고 홍보해 달라고 요청한다면 아마 대부분은 아주 효과적인 광고가 되지 않을까 생각할 것이다. 하지만 모든 관계자에게는 불행하게도 엘리너의 황금시대는 이미 지난 상태였다. 그게 아니라면 너무 대단한 분이 광고 모델로 나오는 바람에 제품은 보이지 않고 모델만 보이는 기이한 현상이 일어난 것인지도 모른다.

굿럭 마가린을 홍보하는 TV 광고에서 엘리너는 "새로 나온 굿럭 마가린, 정말 맛있어요"라고 얘기했다. 그리고 그런 노고에 대한 대가로 무려 3만 5,000달러나 되는 출연료를 받았다. 하지만 애석하게도 결과는 그리 대단하지 못했다. 굿럭에게도, 엘리너 자신에게도 안타까운 일이지만 사람들은 그저 훌륭한 분이 광고에 나온 사실만 기억했을 뿐 굿럭 마가린에 대한 인지도는 전혀 올라가지 않았다.

그 일을 회상하며 엘리너는 특유의 솔직담백하면서도

재치 있는 말투로 이렇게 말했다.

"그때 저는 엄청나게 많은 편지를 받았습니다. 그중 절반은 스스로 제 명성에 흠집을 내서 슬프다는 내용이었고, 나머지 절반은 그래서 재미있기도 했다는 내용이었습니다."

저명인사가 출연한 광고는
모델과 브랜드 모두에게
어떤 식으로든 영향을 미친다.
저명인사가 어떤 가치를 낳을지
예측 가능한 모든 결과를
철저히 점검할 필요가 있다.

성공한 담배 광고,
실패한 매출

비가 추적추적 내리는 어둠 속에서 한 남자가 강변을 홀로 걸어가고 있다. 남자는 색상이 옅은 레인코트 깃을 올려 세우고 짙은 색 중절모를 깊숙이 눌러쓴 채였다.

남자가 늘어선 가로등에서 쏟아지는 하얀 불빛 속을 들락날락하며 걷지만 얼굴을 알아보기는 힘들었다. 그러다가 갑자기 그늘 속에서 발걸음을 멈추더니 담뱃갑을 꺼내 들었다. 한 개비를 뽑아 불을 붙이자 불빛 사이로 잘생긴 얼굴이 드러났다. 남자가 담배를 한 모금 빨아 허공에 연기를 뿜었다. 카메라가 계속 남자를 따라다니며 비출 때에 목소리가 들린다. "스트랜드담배와 함께라면 결코 외롭지 않습니다." 그와 동시에 화면에 같은 자막이 흐르고 광고는 끝난다.

영국 텔레비전 방송에서 스트랜드담배 광고는 그리 오래 방영되지 않았다. 하지만 이 광고는 지금까지 가장 유명한 몇몇 광고 가운데 하나로 기억된다. 전 세계에서 최고로 꼽는 광고들을 주제로 다룬 〈선데이 타임스〉 기사에서, 칼럼 저자이자 광고계에서 오랜 경력을 쌓았던 페이 웰든은 스트랜드담배 광고를 개인적으로 가장 좋아한다고 밝혔다. 하지만 전문가의 평판과 달리 현실에서는 성공은커녕 실패로 끝나고 말았고, 브랜드는 완전히 재앙을 만난 것이나 다름없게 되었다.

그런 광고를 기획하게 된 배경에는 1949년 캐롤 리드 감독의 영화 〈제3의 사나이〉와 이와 유사하게 냉전을 다룬 몇몇 스릴러물의 영향이 있었다. 이 영화는 제2차 세계대전 직후, 오스트리아 빈에서 친구의 죽음과 관련된 비밀을 파헤치는 3류 작가의 이야기를 다룬 미스터리 스릴러물이다. 영화에서처럼 이 광고 역시 신비스럽고 강한 호기심을 불러일으키는 이미지를 창조해 내는 것이 애초의 의도였고, 내심 호기심을 느낀 사람들이 너도나도 달려들어 담배를 구매하지 않을까 하는 자신감까지 있었다.

하지만 애석하게도 광고를 접한 소비자들은 실패한 사

람이 피우는 담배로밖에 여기지 않았다. 위로 받을 친구도 없이 오죽하면 밤에 홀로 거리를 서성이며 담배나 피워야 했을까라고 생각한 것이다.

당신이 한 말과
사람들이 들은 말이
항상 일치하는 것은 아니다.
사람들이 당신의 말 가운데
어떤 점에 집중할지
생각해 보라.

시장조사를 시작한
조미료회사

생활용품 전문업체인 옥소는 영국에서 고체육수 상품을 거의 한 세기에 걸쳐 주도적으로 생산, 판매해 왔다. 하지만 웬일인지 1980년대 초반에는 대대적인 광고 공세를 펼치는데도 시장에서 우위를 점할 수가 없었다. 불행하게도 당시는 고체육수 브랜드에게 여러모로 시장 상황이 어렵고 불리한 시기였기 때문이다.

육식 위주의 식사가 전반적으로 감소하는 대신 제3세계의 웰빙 요리가 주를 이루는 건강식 소비가 빠르게 증가했는데, 이는 옥소가 거의 관여하지 않은 부문이었다. 게다가 요리용 소스 시장이 성장하고, 고체육수와 분말육수를 만드는 여러 브랜드가 벌이는 경쟁이 여전히 만만치 않았다.

당시에 옥소의 광고 홍보를 대행하던 J. 월터톰프슨 사와 책임 관리자 에브 젠킨스는 독특하면서도 혁신적인 연구를 제안했다. 새로운 광고를 구상하거나 브랜드 자체에 초점을 맞춘 연구가 아니라 영국 가정의 실생활에 대해 면밀하게 조사해 보자는 것이었다.

그는 1980년대를 살아가는 사람들의 가정이 실제로 어떤 모습인지, 방송 매체에서 다루는 가정생활에 대해 사람들은 어떤 반응을 보이는지 하나하나 살피는 일이 필요하다고 강조했다. 이러한 문화인류학적 관찰과 조사는 오늘날엔 아주 흔한 연구 방법이지만 당시에는 유명 브랜드가 자사 시장 규모와 내용을 넘어선 연구를 의뢰한다는 것은 전례가 없던 일이었다.

에브 젠킨스가 그런 연구를 제안한 근거는 바람직한 가정생활의 중심에는 집에서 만든 건강한 요리가 있으며, 바로 그 건강한 가정 요리의 중심에 옥소가 자리를 잡아야 하기 때문이라는 것이다. 그런 이례적인 연구를 담당했던 스티븐 웰스의 말을 들어보자.

"제가 주부들을 대상으로 실제로 가정생활이 어떤지 묻자 대부분은 매일매일 부딪히는 갖가지 사소하고 힘든 일들에 대해 늘어놓기 바빴습니다. 설거지, 빨래, 청소, 장보기는 기본이고 먹고살기 위해 아등바등해야 하며 오늘 애들에게 또 뭘 먹일지 생각해야 하는 일의 연속이라며 진저리를 치더군요.

가정생활의 실체가 이렇다면 가정을 꾸리려는 이유가 도대체 뭘까 의아해하던 저는 어느 한 분이 들려준 얘기에 순간 가슴이 따뜻해지는 것을 느꼈습니다. 그분은 아이가 태어나서 처음으로 걸음을 떼던 일과 학교에서 그린 그림을 신이 나서 가져오던 모습을 평생 잊을 수 없을 것 같다고 말했습니다. 그러자 갑자기 모두 고개를 끄덕이며 얼굴에 환한 미소를 짓더군요."

고난이 가득한 삶 속에서도 이렇게 작지만 매우 소중한 순간들이 존재하는 불균형이야말로 가정생활의 현실이자 진면목이 아니겠는가? 스티븐은 그런 현실에 '전쟁과 평화'라는 이름을 붙여주면서도 평화보다는 전쟁 쪽에 훨씬 많은 무게가 실린다는 사실에 주목했다.

조사 결과 두 번째로 밝혀진 사실은 1980년대 초반에는 방송 매체가 광고보다 앞서가고 있었다는 점이다. 예를 들어 말썽 많은 두 10대 아들을 둔 엄마의 고초를 코믹하게 그린 〈버터플라이〉 같은 프로그램이나 〈브룩사이드〉라는 드라마는 매일매일의 현실을 광고보다 훨씬 정직하게 보여주기 시작했다.

당시 광고에서 주로 볼 수 있는 모습은 매력적인 엄마, 잘생기고 늠름한 아빠, 항상 똑 부러지게 행동하는 아이들이 나오는 완벽한 가정이었다. 연구를 진행하던 누군가는 그런 광고에 등장하는 사람들을 '가식적인 미소로 꾸민 가짜 가족'이라고 불렀다.

조사를 통해 확인할 수 있었던 점은 브랜드 광고 역시 현실적인 가정생활을 담아낼 수 있을 때 효과를 발휘한다는 사실이다. 이렇게 밝혀진 두 가지 통찰을 근거로 JWT는 음식 광고 역사상 가장 효과적이고 유명한 광고를 제작했다. 평범한 가정의 평범한 일상을 담은 이 광고는 1983년에 제작되어 1999년까지 방영되는 장기 상영 기록을 세웠다.

대형 은행을 설득한
스와치

스위스 시계는 오랫동안 사치품이자 장인의 훌륭한 공예품이라는 이미지를 지녀왔다. 그래서 매우 정교하고 아름답지만 너무 비싸다는 평판을 받으면서도 부유층에서 꾸준히 선호하는 상품이었다.

하지만 1980년대 들어 아시아에서 저렴한 시계가 제작되어 나오면서 스위스 시계는 치열한 경쟁에 돌입하지 않을 수 없었다. 건전지로 작동하는 쿼츠시계의 등장은 시계 산업에 일대 변혁을 일으켰던 것이다. 1960년대 후반에는 거의 9만 명이나 되는 종사자를 거느리며 위풍당당했던 스위스의 시계 산업은 이제 종사자가 3만 5,000명 정도로 줄어들었을 만큼 초라한 신세가 되었다.

쿼츠시계 기술이 도입되는 바람에 시계 산업에서 설 자리를 빼앗긴 스위스 시계는 차별성과 강점을 무기로 고유한 이미지를 널리 알려야 할 절대적 필요 앞에 당면했다. 그 결과 두 번째 시계second watch라는 의미의 스와치Swatch 브랜드가 탄생하여 이런 막중한 임무를 이끌게 되었다.

홍보를 성공시키기 위해서는 무엇보다 스위스 시계라는 기존의 인식에 변화를 줘야 할 필요가 있었다. '고품질 스위스시계지만 비싸지 않다.' 그렇게 엄청난 일을 어떤 식으로 접근할 것인가?

심사숙고 끝에 얻은 해답은 대형 시계를 만들어 스와치를 만방에 알리는 방법이었다. 다른 곳은 몰라도 일단 독일에서는 그런 홍보를 시도할 만하다고 판단했다.

과제는 독일의 상업도시 프랑크푸르트에서 가장 높은 건물에 시곗줄을 포함해 길이가 162미터에 이르고 무게가 13톤이나 되며 실제로 작동하는 금빛 스와치 시계를 매다는 일이었다. 시계에는 브랜드명 '스와치'와 원산지 '스위스', 놀라울 정도로 저렴한 가격 '60마르크'라는 세 가지 문구가 새겨질 예정이었다.

그런데 공교롭게도 그 건물에는 독일의 대형 은행인 코

메르츠 은행 본사가 있었다. 지금은 스와치 그룹으로 이름이 변경된 SMH의 회장 니컬러스 하이에크는 당시를 회상하며 이렇게 말했다.

"거대하고 보수적인 고층건물에 시계를 매달아놓는 일은 대단히 도발적인 발상이었습니다. 재미있고 기발하지만 비현실적인 느낌을 주는 일이었죠. 다들 농담을 한다고 생각했으니까요. 하지만 나중에 우리가 홍보를 마칠 때에는 이미 많은 사람들이 우리가 전하려는 메시지를 이해하고 인정해 주었습니다."

스와치가 모두에게 전한 메시지는 이런 내용이었다. 스와치는 스위스 장인이 정교하게 완성한 고품격 유산을 고스란히 지니고 있지만 이제는 예전의 스위스 시계와는 달리 누구나 부담 없는 가격으로 구입할 수 있는 브랜드가 되었다는 것이다.

이렇게 색다른 선전 활동을 할 수 있었던 배경에는 여러 사람의 노고가 깃들어 있었다. 먼저 아이디어를 제안한 사람과 그렇게 거대한 시계를 실제로 제작할 수 있는 기술을 보유한 사람들의 힘이 컸다. 하지만 그 밖에도 눈에 띄지 않게 실력을 발휘한 사람들이 있었다. 이들의 독창적이고 빈틈없는 노력이 없었다면 코메르츠 은행에 스와치 홍보 계획을 설득할 수 없었을 것이다. 동시에 코메르츠 은행이 동의해 주지 않았다면 영국 국회 의사당 건물 시계탑인 빅벤에 버금가는 독일의 유명한 시계 건물도 등장하기 어려웠을 것이다.

코메르츠 은행을 설득할 수 있었던 비결은 무엇보다 은행 회장의 입장에 서서 상황을 이해하려는 노력 덕분이었다. 그런 계획을 추진할 때 맞닥뜨릴 가장 큰 문제가 무엇일까를 확인한 다음 문제에 대한 해결책을 미리 준비했던 것이다. 먼저 코메르츠 은행의 명성에 미치게 될 영향이었고, 또 한 가지는 과연 가능한 일일까라는 실현 가능성의 문제였다.

먼저 첫 번째 문제를 해결하기 위해서 회사 기획팀은 몇 가지 독창적인 연구를 의뢰했다. 스와치의 잠재 고객을 대상으로 한 연구가 아니라 코메르츠 은행 고객을 대상으로 실시한 설문조사였다. 이 노력은 여러모로 유익하게 작용했다. 조사 결과에 따르면 은행 고객들은 대체로 그런 선전 활동을 부정적으로 바라보기보다는 코메르츠 은행이 그런 대담한 활동에 참여함으로써 어떤 인간적인 면모를 보여준다고 생각하는 경향이 있었다.

두 번째 문제는 일단 시당국을 방문해서 그 계획에 대한 서면 허가를 받아냄으로써 돌파구를 열었다. 이렇게 두 가지 문제를 사전에 해결함으로써 기획팀은 드디어 코메르츠 은행 회장을 만나러 갈 준비를 마쳤다. 여러 사람이 전하는 말에 따르면 은행 회장은 몇 가지 우려를 제기했지만 스와치 사가 기울인 빈틈없는 준비와 노력에 마음이 움직여 계획을 추진하라는 승인을 내렸다고 한다. 그 결과 1984년에 거대한 스와치 손목시계가 은행 건물 외벽에 설치될 수 있었다.

이 시계는 세계에서 가장 커다란 시계로 기네스북에 올라가 있다.

많은 사람들이 일어날 수 있는 문제에 대한 해결책을 마련하지 않은 채 실무에 뛰어든다. 발생할 수 있는 일들에 대한 해결책을 미리 마련하라.

아빠의 사랑이 탄생시킨
도브 아이스바

레오 스테파노스는 그리스에서 태어났지만 시카고 남부로 이주해 그곳에서 초콜릿 가게를 열었다. 그리고 평화를 상징하는 '도브'로 가게 이름을 지었다. 하지만 아빠로서의 삶은 그리 평화롭지 못했다. 말썽꾸러기 마이클, 크리스, 에이미세 아이 덕분에 하루도 바람 잘 날이 없었기 때문이다.

1956년 어느 날, 그날도 역시 고요하고 평화로운 하루를 기대할 수는 없었다. 세 아이는 초콜릿 가게를 휘젓고 다니며 말썽을 부리고 레오는 그런 아이들에게 고래고래 소리를 질러댔다. 그런데 그 순간 갑자기 큰아들 마이클이 가게 앞을 지나가는 아이스크림 트럭을 발견하더니 총알처럼 문을 열고 튀어나가 트럭을 맹렬히 뒤쫓기 시작했다.

마음에 드는 게 보이면 물불 안 가리고 달려 나가는 아이들을 보면서 레오는 저러다 다치지나 않을까 걱정스러웠다. 더 이상 안 되겠다고 생각한 레오는 자신이 직접 아이스크림을 만들어야겠다고 결심했다. 아이들이 트럭을 향해 돌진하는 일 없이 집에서 안전하게 먹을 수 있도록 아이들 입맛을 사로잡을 맛있는 아이스크림을 만들어보리라 다짐했다.

몇 개월이 걸려 레시피를 수정하고 또 수정하며 노력한 끝에 마침내 레오는 맛있는 바닐라 아이스크림에 최고의 풍미를 가진 초콜릿을 입힌 아이스바를 만든 다음 이름을 도브 아이스바로 지었다. 이것은 곧바로 레오의 아이들의 입맛을 사로잡았을 뿐만 아니라 시카고 전역에서 인기를 끄는 상품이 되었다. 1970년대 후반에는 해마다 100만 개 이상이 생산될 정도였다.

1977년 레오가 세상을 떠난 후에는 큰아들 마이클 스테파노스가 사업을 이어받았다. 1984년에 마이클은 워싱턴 DC에서 열린 팬시푸드 박람회에 도브 아이스바를 선보였고, 이후 전국에서 주문이 쇄도하기 시작했다. 도브 아이스바의 이런 전국적 인기는 세계적인 초콜릿회사 마스의 눈길을 끌게 되었고, 1986년 마스는 도브 브랜드를 인수했다.

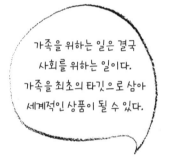

가족을 위하는 일은 결국
사회를 위하는 일이다.
가족을 최초의 타깃으로 삼아
세계적인 상품이 될 수 있다.

리더

leader

값비싼 사치품을
대중의 간식으로,
허쉬초콜릿

왕실과 귀족들이 먹던 값비싼 초콜릿을 대량생산 방식을 도입해 대중화시킨 초콜릿 업계의 헨리 포드라 불리는 사람이 있다. 허쉬초콜릿의 창립자 밀턴 허시는 정규 교육을 제대로 받지 못했지만 인내와 끈기로 자신이 맡은 일을 수행하면서 조금씩 꿈을 이루어 나갔다.

1857년, 미국 펜실베이니아주 시골 마을의 가난한 농가에서 태어난 밀턴은 어려서부터 집안일을 도와야 했다. 농사일을 거들고 아버지가 오랜 시간 집을 떠나 있는 동안에는 어머니와 가족을 돌보느라 학교를 제대로 다니지도 못했다. 초등학교 4학년 이후에는 아예 학업을 중단할 수밖에 없었지만 열심히 일한 만큼 보상이 따르리라는 믿음을 버리지 않고 성실히 살았다.

10대에 접어들면서 밀턴은 펜실베이니아주 랭커스터에 있는 사탕공장에서 4년 동안 견습공으로 일하고 인쇄소와 제과점 등에서 일했다. 1876년에는 배운 기술을 바탕으로 직접 사탕가게를 열기도 했지만 6년 동안 열심히 일했음에도 사업은 실패로 끝나고 말았다.

꿋꿋한 밀턴은 좌절하지 않고 다시 툴툴 털고 일어나 콜로라도주 덴버 지방으로 이주했다. 그곳 제과점에서 일자리를 얻어 신선한 우유로 캐러멜을 만드는 방법을 배웠다. 그후 노하우를 쌓은 뒤 뉴욕에서 두 번째로 사탕공장을 차렸으나 또다시 실패하고 말았다. 1886년에 다시 랭커스터로 돌아간 밀턴은 아직 포기하기에는 이르다고 생각하며 다시 랭커스터 캐러멜 회사를 설립했다. 다행히 캐러멜 사업은 성공가도를 달리며 미국 전역과 유럽으로 상품이 팔려 나갔고, 직원이 1,400명이 넘는 기업으로 성장했다.

그럼에도 밀턴의 꿈은 여전히 진행 중이었다. 1893년에는 시카고에서 열린 세계박람회에 갔다가 그곳에 출품된 독일제 초콜릿 기계에 완전히 매료되었다. 그리고 바로 기계 몇 대를 사들였다. 당시 미국은 비위생적인 생활과 질병으로 죽어가는 아이들이 있는 반면 상류층에서는 스위스 고급 초콜릿이 유행하던 때였다. 초콜릿의 가능성을 정확하게 꿰뚫어 본 것이다. 랭커스터로 기계를 싣고 온 밀턴은 자신의 회사에서 만든 캐러멜에 초콜릿을 입혀 생산, 판매하기 시작했다. 이렇게 초콜릿에 대한 수요가 점점 증가하고 있다는 사실을 깨닫고는 아예 캐러멜 사업을 과감히 매각하고 허쉬초콜릿 회사를 시작했다.

하지만 초콜릿 사업이 성공을 거두기까지는 또 많은 시간과 인내가 필요했다. 당시 인기를 끌던 밀크초콜릿은 대부분 스위스에서 철저하게 기밀에 부쳐진 공정에 따라서만 생산이 이루어지고 있었기 때문이다. 수년 동안 끈질기게 실패를 반복하고 시행착오를 거듭한 끝에 밀턴은 마침내 우유와 설탕과 코코아가 적절하게 배합된 맛있는 초콜릿을 만들 수 있었다. 그리고 1907년부터 만들기 시작한 키세스초콜릿은 허쉬초콜릿 상품 중 가장 큰 인기를 끌었다. 그리고 허쉬는 당시 유행하던 카카오버터 대신 식물성기름을 사용해 더운 여름에도 녹지 않는 초콜릿을 개발했다. 그리고 대량생산에 성공해 제2차 세계대전 때는 미군에 납품할 정도였다.

이로써 효과적인 비용과 공정으로 밀크초콜릿을 대량생산하는 오랜 꿈을 실현할 수 있었고, 부유한 사람들이나 누릴 수 있는 사치품이던 초콜릿을 누구나 맛보고 즐길 수 있는 기호품으로 바꾸어놓았다.

초콜릿 사업으로 대성공을 거둔 밀턴은 어려운 형편에 처한 학생들에게 무상교육을 제공하는 허쉬스쿨을 세우고 직원들의 산업 유토피아로 손꼽히는 허쉬마을을 조성함으로써 사회 공헌에 적극 앞장서기도 했다.

성공이라는 공이
한 번에 곧장 굴러갈 리가 있겠는가.
여기저기에 걸어차여도 수없이 시도하라.
매사에 너무 쉽게 포기하는 것은
아닌지 자문하라.

보잉의 민간 항공시장 개척기

어떻게 할 것인가? 회사의 앞날을 좌지우지할 만한 중대한 결정을 지금 내려야 한다고 생각해 보자.

시장에 엄청난 영향을 미칠 만한 어떤 기회가 있다. 기회를 잡고 성공한다면 미래의 시장이 수중에 들어온 것이나 마찬가지겠지만 실패한다면 회사는 파산을 면할 수 없을 것이다. 아직까지 한 번도 도전해 보지 않은 분야이며, 이전에 누군가 한두 번 시도했다가 실패를 경험한 분야이기도 하다. 이 분야에서는 아직 어떤 경쟁자도 제대로 성공을 거둔 적이 없는 것이다. 경쟁 상대는 대부분 현재 우세한 다른 분야에만 매달려 있을 뿐 이 분야에는 아직 아무런 경쟁자도 없는 상태다.

사내 전문 기술자들은 그런 기회와 기술적인 도전에 대해 들떠 있지만 영업 조직에서는 다음과 같이 우려를 나타낸다. 지리적으로 볼 때 주요한 잠재고객인 미국과 유럽 사람들은 이런 종류의 상품에 별다른 관심이 없어 보일 뿐만 아니라 앞으로 하려는 일이 기존의 사업 부문과 본질적으로 연관이 있다고 간주하기 때문에 의도적으로 무관심을 표명한다는 주장이다.

아직까지 성공적으로 진행되던 사업 영역에는 전체 거래의 거의 80퍼센트를 차지하고 있는 주 고객이 하나 있다. 어쩌면 이 주 고객이 지금 개발하려는 상품에 적은 수준으로나마 관심을 가지고 있을지도 모른다. 그래서 만약 상품을 사들이겠다고 한다면 투자 부담을 어느 정도 줄일 수 있게 될 것이다.

하지만 그런 지원이 없다면 프로젝트를 수행하고 첫 번째 시제품을 개발하는 데 드는 비용은 지난 5년 동안 연평균 세후 수익의 세 배에 달할 것이다. 이는 다시 말해 회사 순자산 가치의 4분의 1에 해당하는 규모다. 또한 그런 지원이 있다 하더라도 투자 규모는 어마어마할 것이다. 상황이 그렇다면 당신은 어떤 선택을 하겠는가? 시도해보겠는가?

바로 그런 결정의 시간이었던 1952년에 보잉 이사진은 과감히 도전장을 던졌다. 민간 시장을 대상으로 첫 번째 대형 제트 여객기를 개발하는 프로젝트를 거부할 수 없었기 때문이다. 그리고 그 민간 제트 여객기에 보잉 707이라는 이름을 붙였다. 그전에 먼저 보잉은 지금까지 주요한 고객으로서 B-17 대형 폭격기인 '하늘의 요새'와 B-52 전략폭격기를 사들인 미 공군을 어렵사리 설득해 새로운 항공기를 구입하도록 유도했다. 그 결과 B-52 전략폭격기 지원용의 고성능 공중급유기를 찾던 미 공군이 이 기종을 채택하게 됨으로써 1,500만 달러라는 막대한 비용을 감당할 수 있게 되었다.

당시에 주 경쟁 상대인 맥도널 더글러스 사는 민간 여객기 부문에서 여전히 프로펠러 항공기를 고집하고 있었다. 군용기를 먼저 생산하느라 여객기 제작이 다소 지연되기는 했으나 보잉은 이를 토대로 개발에 박차를 가해 1957년에는 시제품 비행에 성공할 수 있었고 1958년부터는 민간 제트 여객기를 제작하기 시작했다.

전투기의 강력한 제트 엔진을 장착하게 되면서 더욱 거대한 동체를 가진 여객기를 제작할 수 있었던 점이 성공의 열쇠였다. 보잉 707은 181석으로 늘어난 좌석과 선진적인 수송력으로 민간 항공 수송을 크게 개혁시켰고 속도나 쾌적함 등 모든 면에서 프로펠러기를 과거의 유물로 만들어버렸다.

이는 항공 여객 운송에서 제트 여객기 시대의 도래를 알리는 서막이었다. 그리고 보잉 707의 성공은 다른 항공기 제작사들도 제트 여객기 개발에 가세하는 계기를 만들었다.

이로써 보잉은 대형 폭격기 제조사에서 새로운 민간 제트 여객기와 수송기 시장을 주도하는 기업으로 변신하게 되었고, 항공 산업의 미래를 근본적으로 변화시켰다.

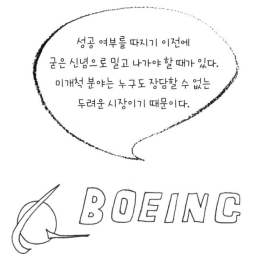

성공 여부를 따지기 이전에
굳은 신념으로 밀고 나가야 할 때가 있다.
미개척 분야는 누구도 장담할 수 없는
두려운 시장이기 때문이다.

턱시도를 입은 토끼,
플레이보이

1959년에 한 독자가 자신이 좋아하는 잡지사에 편지를 보냈다. 그런데 편지 봉투에 받는 주소는 없고 대신 나비넥타이를 매고 있는 토끼 그림만 있을 뿐이었다. 그런데도 편지는 〈플레이보이〉 사무실로 제대로 배달되었다.

휴 헤프너가 새로운 잡지를 출간한 후 6년이라는 시간이 흐르는 동안 확실히 사회에도 많은 변화와 발전이 있었다. 처음에 정하려던 잡지 이름은 남자들만의 파티라는 뜻인 '스태그 파티'였다. 그런데 야외활동 전문 잡지인 〈스태그〉의 발행인이 어느 날 헤프너에게 연락을 해서 스태그 파티라는 이름으로 잡지를 간행한다면 자사 상표를 보호하는 차원에서

법적 소송에 들어가겠다는 의사를 밝혔다.

헤프너와 부인 밀리, 엘든 셀러스 부사장은 함께 만나서 그 문제를 논의하고 새로운 이름을 찾아보았다. 정장용 모자를 뜻하는 '톱 해트' '젠틀맨' '서Sir' '사티로스' 등 몇 가지 이름이 거론되었는데, 엘든이 갑자기 '플레이보이'로 하면 어떻겠느냐고 제안했다. 과거에 어머니가 지금은 존재하지 않는 시카고의 플레이보이 자동차회사에서 일한 기억이 떠올랐다며 그 이름이 좋은 대안이 될 수 있을 것 같다고 주장했다.

그렇게 탄생한 〈플레이보이〉 잡지는 발행되자마자 선풍적 인기를 끌었다. 발간 몇 주 만에 초판 5만 부가 모두 팔려 나갔다. 내심 기대를 했지만 헤프너는 기쁘면서도 놀라지 않을 수 없었다. 사실 솔직히 말하면 영 자신이 없었고, 다음 호를 언제 발행할지, 아니 발행할 수나 있을지 확신할 수 없어서 창간호에 발행인 이름과 발행 월도 표기하지 않았다.

이렇게 창간호가 대대적인 주목을 받게 되자 다음 과제는 자연스럽게 브랜드 정체성을 보여주는 일이었으므로 이들은 즉각 로고 제작에 들어갔다. 당연히 놀기 좋아하는 남자 플레이보이답게 멋지고 우아한 이미지를 개발하는 것이 가장 확실한 방법이었지만 남성용 잡지가 이미 두 개나 발행되어 있는 상태였다. 남성 이미지를 내세운 〈에스콰이어〉와

〈뉴요커〉가 가판대를 차지하고 있었던 것이다. 또다시 소송 위험 속으로 걸어 들어갈 수는 없었다. 그래서 헤프너는 차별성을 가진 다른 이미지가 필요하다고 생각했다. 그때 일을 헤프너는 이렇게 회상했다.

"저는 우리 잡지를 상징하는 것으로 토끼를 골랐습니다. 토끼는 호기심 많고 익살스러우면서도 활발하고 기운차게 뛰어노는 장난꾸러기 이미지를 가지고 있죠. 저희가 추구하는 이상이나 느낌과 잘 들어맞는다는 생각이 들었습니다. 거기에다 교양미를 가미하기 위해 토끼한테 턱시도를 입히면 좋겠다고 생각했죠.

한 가지 이유를 더 보태자면 편집자의 본능적인 감각으로 판단하건대, 토끼는 〈에스콰이어〉나 〈뉴요커〉가 내세운 남성상보다 훨씬 더 독특한 이미지로 사람들 눈길을 사로잡을 것이라고 판단했습니다. 게다가 턱시도를 입은 토끼라니, 아주 매력적이면서도 재미있는 발상이라는 자부심도 들었죠. 그리고 결과는 제 예상이 옳았다는 게 밝혀졌습니다."

턱시도에 나비넥타이를 매고 귀를 쫑긋 세운 플레이보이 토끼 로고를 디자인한 사람은 아트 폴이라는 디자이너였다. 그 후 헤프너는 이 재능 많은 디자이너를 아예 잡지의 아트디렉터로 고용했고, 폴은 30년 동안이나 플레이보이의 아트디렉터로 활동했다. 로고를 제작하고 몇 년이 지나 폴은 이런 얘기를 들려주었다.

"그 작은 토끼가 얼마나 중요한 상징이 될지 그때 알았더라면 아마 저는 마음에 들 때까지 수십 번도 넘게 그리고 또 그렸을 것입니다. 하지만 아무리 여러 개를 그렸다 하더라도 처음에 그린 작품보다 더 나았으리라는 보장은 없습니다. 저는 그 로고를 단숨에 그려버렸습니다. 아마 30분도 걸리지 않았을 거예요."

탁월한 상징은 독특하고 강렬한 인상을 준다. 당신의 브랜드의 상징은 강렬함을 주는가?

스티브 잡스의 철학,
토이스토리의 탄생

스티브 잡스가 애플의 최고경영자로서 IT업계에서 이룩한 화려한 업적과 문화 전반에 끼친 영향을 모르는 사람은 없을 것이다. 하지만 브랜드 역사에서도 중추적인 역할을 담당한 사실은 그다지 많이 알려져 있지 않다. 거의 도박에 가까운 잡스의 투자가 없었다면 그 브랜드는 그렇게 대단한 성공을 거둘 수 없었을 것이다. 픽사의 존 래스터 감독은 이렇게 회상했다.

"픽사 애니메이션 스튜디오는 스티브 잡스의 역할이 없었다면 존재하지 않았을 것입니다. 그가 우리에게 선사한 기회를 생각하면 지금도 감회가 새롭습니다. 1986년에 우리를 인수한 시기는 그가 애플을 떠난 지 얼마 안 된 때였습니다. 애플을 떠난 뒤 넥스트라는 회사를 창업하고, 루카스 필름의 그래픽 파트를 인수하면서 컴퓨터 화면을 구성하는 최소 단위인 '픽셀pixel'과 '예술art'의 조합어인 '픽사Pixar'로 회사 이름을 정했죠.

픽사는 원래 하드웨어와 소프트웨어를 모두 망라하는 컴퓨터회사였습니다. 그것도 성능이 매우 우수하고 시대를 앞서간 분야를 다루고 있었습니다. 그래서 더욱더 시장을 찾을 수 없었죠. 너무 고가에 거래되는 상품이었기 때문입니다. 스티브 잡스는 제품을 거래할 수 있는 방법을 찾기 위해 여러 가지를 모색했습니다. 하지만 일반적인 퍼스널 컴퓨터에만 익숙한 사람이 최첨단 전문 분야를 상대하는 시장을 개척하는 일이 쉽지는 않았습니다."

픽사의 핵심 상품은 픽사 영상컴퓨터였다. 따라서 애초부터 일반 거래는 전혀 없이 정부기관이나 의료업계로만 판매가 이루어졌다.

래스터는 회사에서 유일하게 디즈니의 전문 애니메이션 교육을 받고 실제로 월트디즈니에서 일한 경력이 있는 사람이었다. 래스터가 기기의 성능을 보여주기 위해 짧은 시범용 만화영화를 제작한 것은 이런 영상 컴퓨터 판매를 조금이라도 더 확대해 보고자 한 시도였다. 그리고 세계 최대 컴퓨터 그래픽스 국제회의인 사그라프에서 축하행사의 하나로 자신이 제작한 컴퓨터 애니메이션을 상영하기도 했다.

그 일을 계기로 래스터가 이끄는 애니메이션 부서는 다른 회사를 위해 컴퓨터 애니메이션 상업광고를 제작하기 시작하게 되었는데, 초기 성공작으로 트로피카나, 리스테린, 라이프 세이버스를 위한 광고 영상과 영화 〈터미네이터 2 : 심판의 날〉 홍보 영상을 들 수 있다.

하지만 픽사 컴퓨터 판매가 여전히 부진한 가운데 회사는 또다시 파산 위기에 처했다. 1990년 4월 스티브는 픽사의 하드웨어 부분을 거대 미디어 기업인 비아콤에 매각했고, 1991년에는 직원 30명을 추가로 정리해고해야 했다. 이제 남은 인력은 소프트웨어 프로그래머들과 래스터의 애니메이션 부서였다.

픽사를 인수하느라 개인 재산 1,000만 달러를 투자한 스티브는 회사를 다시 매각할까 고려하기도 했지만 한 번 더 모험을 해보기로 결정했다. 픽사 애니메이션이 나름대로 새로운 가능성을 보여주었기 때문이다.

"스티브 잡스는 항상 우리가 애니메이션 연구를 지속할 수 있도록 지원을 아끼지 않았습니다. 픽사가 컴퓨터회사에서 애니메이션 스튜디오로 변화, 발전할 것이라는 예측을 하고 있었던 것 같습니다. 게다가 3D 컴퓨터 애니메이션의 새로운 가능성을 읽고 우리 부서가 〈토이 스토리〉라는 장편 만화 영화를 개발할 수 있도록 끊임없이 자극하고 유도했습니다.

스티브 잡스가 제게 요청한 게 있다면 훌륭한 작품을 만들어보라는 것이었습니다. '말도 안 되게 대단한' 작품을 만들어보자고 자주 얘기하며 사기를 띄워주곤 했죠. 그는 항상 그런 식으로 우리가 무엇을 하게끔 유도하려고 애썼습니다. 그리고 그동안 아무도 손대지 않은 일을 우리가 하고 있다는 사실에 아주 큰 자부심을 가진 듯했습니다.

스티브 잡스는 제게 두 가지를 당부했습니다. 한 가지는 우리가 하는 일에서 무엇보다 중요한 것은 우수한 품질을 보장해야 한다는 점이었습니다. 그는 대중이 브랜드에 대해 느끼는 방식은 은행 계좌와 같다고 말했습니다. 그러면서 대중은 은행 계좌에 일정 금액을 예치할 수도 있고 인출할 수도 있다고 설명했습니다. 예금이라면 모두가 인정하는 훌륭한 작품은 대중의 마음속에 오래 간직된다는 의미일 테고, 인출이라면 별 볼일 없는 작품은 대중의 마음에서 쉽게 사라져 버린다는 뜻이겠죠. 인출 계좌가 되는 일만은 없게 하자는 당부였습니다.

사람들이 우리 브랜드에 얼마나 관심을 기울여주느냐의 문제는 스티브에게 매우 중요한 문제였습니다. 사람들의 그런 마음이 픽사 직원들에게도 그대로 투영될 것이기 때문입니다. 현재 픽사에서 일하는 직원 수는 1,200명입니다. 아무나 붙잡고 '당신에게 가장 중요한 게 무엇인가?'라고 물어보십시오. 아마 1,200명 모두 첫째가 픽사이고 둘째가 자신이 제작하고 있는 영화라고 대답할 것입니다. 개인적인 문제는 아마 그 다음 순위에 있을 것입니다.

스티브 잡스가 제게 또 한 가지를 당부하던 때를 영원히 잊을 수 없을 것 같습니다. 그때 우리는 〈토이 스토리〉에 매진하고 있었는데, 그러고 나서 얼마 후에 스티브는 다시 애플로 돌아갔습니다.

스티브 잡스와 저는 형제지간처럼 항상 많은 이야기를 나누었습니다. 그는 때때로 한곳을 응시하며 무언가를 깊이 생각하는 버릇이 있었습니다. 그날도 버릇처럼 무언가를 골똘히 생각하는 듯하더니 제게 말했습니다. 우리가 애플에서 컴퓨터를 만들게 되면 컴퓨터 수명은 고작해야 4~5년이 되겠지만 픽사에서 제가 맡은 역할을 제대로 해낸다면 그런 영화들은 이 세상에 영원히 남게 될 것이라고 말입니다.

애니메이션으로 그런 위업을 달성해 보고자 저는 부단

히 노력했습니다. 그가 제게 당부한 의미심장한 말을 기억하며 저는 영화를 제작하는 동안 기술적인 문제 외에도 줄거리와 등장인물에 최대한 공을 들였습니다.

스티브 잡스는 언제나 우리가 좀 더 높은 수준을 추구하고 도달하도록 유도했습니다. 사업을 하는 사람으로서 그것은 어쩌면 당연하고 정당한 일입니다. 덕분에 우리가 제작한 작품은 애니메이션 역사에 길이 남을 성공작이 될 수 있었습니다. 그것은 그가 늘 강조하고 촉구했던 품질을 추구한 결과였습니다."

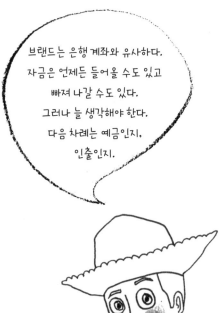

브랜드는 은행 계좌와 유사하다.
자금은 언제든 들어올 수도 있고
빠져 나갈 수도 있다.
그러나 늘 생각해야 한다.
다음 차례는 예금인지,
인출인지.

CEO의 말실수로
하루 아침에 문닫은 보석회사

영국 보석업계의 거물 제럴드 래트너는 공식석상에서 저지른 실언으로 가치가 수백만 파운드에 이르는 브랜드를 하루 아침에 날려버렸다. 자신과 수많은 직원을 졸지에 실직자로 만들어버린 것이다. 이렇게 엄청난 결과를 초래한 바보짓을 빗대어 마케팅 어록에 길이 남을 신조어가 탄생했다. 바로 '래트너짓Doing a Ratner'이다.

1984년 제럴드는 33년 전에 아버지가 일군 보석 사업을 이어받았다. 이후 수년 동안에 걸쳐 착실하게 회사를 키워나갔고, 보석 소매업계에서 주도적인 위치를 점하며 상당한 부와 명성을 쌓았다.

제럴드가 집중한 사업 전략은 소매업 중심의 저가 시장을 공략하는 것이었다. 그러기 위해서는 특별한 고객이나 비정기적인 구매자보다는 평범한 일반 소비자들이 좀 더 자주 부담 없이 보석류를 구입할 수 있도록 만들어야 했다. 제럴드는 이윤을 조금 낮추는 대신 판매량을 늘리는 사업 방식을 일관성 있게 추구해 상당한 성공을 거두었다.

그러다가 1991년 4월, 문제의 그날이 왔다. 제럴드는 지도자협회가 주관하는 연례회의에 연사로 초청을 받았다. 연설 도중 다소 지루하고 엄숙한 분위기를 바꿔보려는 생각으로, 청중도 그런 의도를 이해할 것이라고 믿으면서 자신이 판매하는 상품 가운데 하나는 '완전 쓰레기total crap'라며 농담을 던졌다.

하지만 불행하게도 제럴드가 던진 농담은 좌중을 웃기지도 못했고 그렇다고 솔직하게 들리지도 않았다. 오히려 사람들은 소비자를 무시하는 발언이라고 생각하는 듯했다. 설상가상으로 언론은 기다렸다는 듯이 제럴드가 한 말을 보도하기 시작했다. 제럴드의 회사 이름인 '래트너즈'는 '크랩너즈Crapners'라는 새로운 별명을 얻을 정도로 실언의 파장은 일파만파로 번졌다.

소비자들의 반응은 당장 구매 거부로 나타났고 매출은

바닥으로 떨어졌다. 다음으로 경기 침체가 겹치고 부채 비율은 감당하기 어려운 수준으로 치솟아 회사는 나락으로 떨어지는 일만 남았다. 래트너즈는 스위스 손목시계사업을 포함해 일부 사업체를 매각하지 않을 수 없었고, 결국 1992년 6월 아스페리에 인수되었다. 제럴드 래트너는 그해 11월 사장직에서 사임한 뒤 다시는 예전의 지위를 회복하지 못했다. 1993년 9월 래트너즈는 브랜드 이름과 간판을 시그넷으로 변경할 예정이라고 발표했다.

사소한 말실수로 상당한 가치를 공중 분해시킨 사람이 비단 제럴드 래트너가 처음은 아닐 것이며 이후에도 그런 어리석은 행동을 저지른 사람이 누군가 또 있었을 것이다. 그럼에도 래트너라는 이름은 회사 고위 간부가 자기 브랜드를 비하하거나 소비자를 대상으로 부적절하고 경멸적인 발언을 할 때마다 사용하는 용어로 영원히 기억되었다.

나이키 직원은 왜 발목에 회사 로고를 문신으로 새겼을까

나이키의 공동 창업주인 빌 바우어만과 필 나이트는 오리건 대학에서 처음 만났다. 당시 빌 바우어만은 대학 육상팀 코치였고 필 나이트는 소속팀 선수였다. 육상팀 감독으로 지내던 빌은 자신의 선수들이 더 나은 성적을 거두고 더 편하게 뛸 수 있도록 선수들의 의견을 들어가며 직접 운동화를 제작하기 시작했다. 그러고는 육상팀 코치와 선수는 합작해 1957년에 블루 리본 스포츠라는 회사를 차린 뒤, 캘리포니아에서 승합차를 몰고 다니며 기능성 운동화를 저렴한 가격에 팔기 시작했다.

1972년, 그리스 신화에 나오는 승리의 여신인 니케Nike

에서 영감을 받아 브랜드 이름을 나이키로 바꾸었다. 그리고 그래픽을 전공하고 있던 학생에게 25달러라는 푼돈을 주고 로고를 의뢰해 운동화에 새기기 시작했다. 이렇게 탄생한 나이키라는 이름과 그 유명한 부메랑 로고는 이제 전 세계 어디에서나 알아보는 상징이 되었고 세계에서 가장 갖고 싶은 브랜드가 됐다.

무일푼에서 거부로 성장한 이야기에 자주 등장하는 것처럼 나이키에도 우여곡절이 많다. 가장 심각한 사건으로 중국과 인도네시아, 대만, 베트남 등지의 아시아 노동자들이 매우 열악한 작업 환경에서 신발을 만들고 있다는 악평이 끊이지 않은 예를 꼽을 수 있다. 필 나이트가 이에 대해 공개적으로 사과했지만 이후에도 운동화 판매량이 정체 상태를 벗어나지 못했고, 독일 브랜드인 아디다스의 기술력을 따라잡기도 힘들었다. 더욱이 나이키가 부당한 압력을 가해서 브라질 축구대표팀 감독인 마리오 자갈로가 1998년 월드컵 결승전에서 프랑스를 상대로 부적절한 플레이를 하도록 호나우두를 부추겼다는 소문까지 나돌았다. 당시 이런 여러 사건과 소문에 휘말리면서 나이키 직원들의 사기가 상당히 저하된 것도 사실이다.

한편 나이키에 입사한 디자이너 가운데에는 미술대학

출신 외에도 다양한 배경을 자랑하는 이들이 많았다. 자동차 디자인을 배운 사람을 비롯해 건축 설계를 하던 사람도 있고 NASA에서 근무하던 사람도 있었다. 오리건주 비버턴에 본사를 둔 나이키는 직원들의 복지환경 조성에 심혈을 기울였다. 부지가 30만 평방미터에 달하는 이곳은 스포츠센터를 포함해 체육관, 디자인 사무실, 마케팅 전용공간뿐만 아니라 올망졸망한 호수와 숲, 레스토랑과 카페, 직원 자녀를 배려한 보육시설까지 갖추고 있다.

무엇보다도 나이키의 가장 큰 자산은 직원들 마음 깊숙이 자리 잡은 열렬한 충성심이라고 할 수 있다. 몇 년 전, 자신의 직장에 회의를 느끼던 한 〈선데이타임스〉 기자가 나이키 본사를 둘러볼 기회가 있었다. 기자는 소문으로 들었던 몸에 부메랑 로고를 문신해 다닐 정도로 열정적인 직원들이 있다는 게 사실이냐고 물었다. 기자를 안내하던 사람은 직원 교육을 담당하는 넬슨 패리스 부장이었다. 그러자 부장은 바로 바지를 걷어 종아리를 보여주며 이렇게 말했다.

"이거 말씀하시는 겁니까?"

레고를 감동시킨
제임스의 편지

2012년 9월 1일 제임스라는 어린 소년이 레고 사에 편지를 보내왔다.

안녕하세요. 제 이름은 제임스 그로시아이고 열 살입니다. 저는 네 살 때부터 여러 가지 레고 세트와 블록을 가지고 놀았어요. 그래서 브릭 세트는 기본이고 히어로 팩토리, 크리에이터, 우주 경찰, 리무진 외에도 많은 레고 상품을 가지고 있답니다. 요즈음에는 사회성을 기르기 위해 레고 놀이학교에도 다녀요. 저는 아스퍼거 증후군이 있는데, 조금이라도 도움이 될까 해서입니다. 집에서는 매일 레고를 가지고 놀아요.

그런데 몇 년 전, 에머럴드 야간열차 세트를 보고 저는 한눈에 반하고 말았어요. 당장 갖고 싶었지만 부모님은 그걸 가지고 싶으면 돈을 모아야 한다고 하셨어요. 그래서 2년 동안 생일과 기념일 선물로 받은 돈 전부와 용돈, 여러 가지 활동에 참여해서 받은 돈을 모두 모았답니다. 그리고 몇 달 전, 꿈에 그리던 레고 세트를 살 수 있는 돈 100달러를 마련하는 데 성공했어요! 엄마는 곧바로 인터넷에서 뒤져보셨지만 아무 데서도 찾을 수가 없었대요. 우리는 집 근처 레고 가게에 가서 물어봤지만 거기에도 없었다고 해요. 그런데 문제는 에머럴드 야간열차가 더 이상 안 나온다는 거예요. 제 희망이 사라지는 느낌이었어요. 이제는 구하기 어려워져서 아마존이나 이베이 같은 데서 250달러나 주고 사야 한대요.

할 수 없이 저는 다른 레고 세트를 샀어요. 그걸 갖고 놀다보면 에머럴드 야간열차를 잊을 수 있을 거라고 생각했지만 늘 머릿속에 맴돌아 저를 힘들게 해요. 아직도 에머럴드 야간열차를 사고 싶지만 제가 가진 돈으로는 어디에서도 구할 방법이 없습니다.

혹시 레고 본사에 남아 있는 게 없을까요? 그런 방법으로 구할 수는 없나 해서 이렇게 편지를 써요. 다른 방법이 있다면 말씀해 주세요. 정말 너무도 간절히 갖고 싶은 레고 세트라고요.

열렬한 레고 팬 제임스 그로시아 올림

그로부터 10여 일이 지난 9월 13일에 제임스는 답장을 받았다.

제임스 군에게

먼저 우리 제품에 쏟아준 많은 관심과 애정에 감사하다는 말을 전하고 싶습니다.

그리고 얼마나 상심이 클지 충분히 이해하지만 저희 회사에서 에머럴드 야간열차를 더 이상 만들지 않는다는 사실을 전해 드리지 않을 수 없네요. 제임스 군이 그걸 사기 위해 돈을 모으느라 얼마나 많은 시간이 필요했는지 저희도 잘 알고 있습니다. 실망감을 안겨주게 되어 진심으로 사과드립니다.

완구점 선반은 지금까지 나온 모든 상품을 진열할 수 있을 만큼 넓지 않습니다. 그래서 저희도 시간이 흐른 구 모델 가운데 몇 가지는 생산을 중단하지 않을 수 없습니다. 대신 저희에게는 해마다 새로운 레고 장난감을 고안하는 일을 담당한 전문가팀이 있습니다. 그분들은 모든 연령대의 어린이들이 재미있게 놀 수 있도록 지금도 많은 시간과 노력을 기울여 새로운 장난감을 만들고 계십니다.

아직 잘 모를 수도 있겠지만 옛 모델 가운데 일부는 중고매장에서 거래가 이루어지기도 하니 유심히 살펴보기 바랍니다. 생산이 중단된 레고 제품이나 개인이 소장하고 있는 레고 모델을 찾으려면 다음에 적어드리는 중고매장 웹사이트를 이용하면 좋습니다.

www.bricklink.com과 www.peequestion surbron.com

그렇지만 새로 나온 다른 레고 세트 가운데 제임스 군의 흥미를 끌 수 있는 제품이 있다면 좋겠습니다. 수백 종이 넘는 레고 세트를 자세히 살펴보고 싶다면 www.LEGOshop.com을 방문해 주시고, 가끔씩 소장 가치가 있는 모델이 올라오는 '특가품과 희귀 제품' 부문에 눈을 떼지 말라고 당부하고 싶습니다.

저희에게 직접 연락을 주셔서 다시 한 번 감사드립니다. 저희는 언제나 레고 팬들에게 이런 의견과 정보를 얻을 수 있는 일을 기쁘게 생각하고 있습니다. 마지막으로 잠시만 시간을 내어 네 가지 설문에 응해 주시면 더 많은 분들께 최상의 서비스를 제공하는 데 많은 도움이 될 것 같습니다.

레고 고객서비스 담당 토머스 드림

그런데 그로부터 한 달쯤 뒤인 10월 17일, 제임스의 집으로 상자 하나가 편지와 함께 배달되었다.

친애하는 제임스 군에게

우리는 언제나 레고 팬들한테 이런 이야기를 들을 때마다 진한 감동을 받습니다! 제임스 군은 레고에 대해 진심 어린 열정을 가지고 진정한 즐거움을 누리는 사람 같습니다. 열 살밖에 안 된 나이에 그렇게 많은 레고 세트를 가지고 있다니 놀라지 않을 수 없네요. 저 역시 레고를 아주 많이 좋아하고 제임스 군이 가지고 있는 레고 가운데 몇 가지를 직접 조립해보기도 했습니다. 우리는 고객 서비스 담당자가 건네준 제임스 군의 편지를 읽고 원하는 레고를 구하려고 기울인 노고와 투지에 아주 깊이 감동했습니다.

에머럴드 야간열차 세트는 정말 멋진 제품입니다. 그러니 그것을 갖고 싶은 마음이 얼마나 간절할지 우리도 충분히 이해할 수 있을 것 같습니다. 그 레고 세트를 구입하기 위해 2년 동안이나 돈을 모은 의지와 인내를 다시 한 번 칭찬해 주고 싶습니다. 다른 레고 세트로 만족할 수 없었다는 사실도 십분 이해가 되며, 생산이 중단되었다는 사실을 알고 얼마나 상심이 컸을지도 짐작이 됩니다. 레고에 대한 열정과 간절한 마음을 담은 편지에 대한 답례로, 비록 우리 역량을 벗어나는 일이긴 하지만 그런 간절한 바람이 이루어지도록 돕지 않을 수 없었습니다.

그래서 우리는 에머럴드 야간열차를 어렵게 찾아냈고 이렇게 편지와 함께 제임스 군에게 보낼 수 있게 되었습니다. 제임스 군이 기쁘게 이 열차를 조립하고 또 행복한 마음으로 가지고 놀 수 있기를 바랍니다. 우리도 제임스 군의 꿈이 현실에서 이루어지도록 도와줄 수 있게 되어서 얼마나 가슴 설레었는지 모릅니다. 아무

튼 더 이상은 슬픔과 실망감에 휩싸이지 말고 행복한 상상만 하기를 바랍니다.

앞으로도 계속 레고를 사랑하고 즐길 수 있기를 진심으로 기원합니다. 제임스 군과 같은 레고 팬들은 저희 회사에 정말 큰 행운이고 보람입니다. 혹시 제임스 군이 앞으로 우리 레고 회사를 위해 일하게 될지 누가 알겠습니까? 만약 그렇게 된다면 분명히 우리 레고 그룹에서 열정과 성의를 다해 일할 인재가 될 것입니다. 제임스, 부디 이 레고를 쌓으며 행복한 미래와 꿈을 가꾸기를 바랍니다.

고객서비스 담당 고문 메간 드림

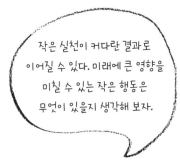

작은 실천이 커다란 결과로
이어질 수 있다. 미래에 큰 영향을
미칠 수 있는 작은 행동은
무엇이 있을지 생각해 보자.

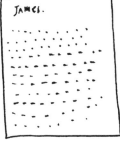

영국 1등 유통업체,
테스코의 10단어

적은 것이 많은 것이라는 말은 적은 것으로 더 많은 것을 생산하고 적은 비용을 들여서 더 좋은 상품을 생산한다는 의미다. 다시 말해 불필요한 군더더기를 줄일수록 생산성은 높아지고 품질도 향상된다는 뜻이다. '단순하게 생각해, 멍청아 Keep it simple, stupid'라는 유명한 말처럼 지난 15년 동안 영국 제1의 유통업체인 테스코가 일군 성공 신화를 두고 어리석다고 얘기하는 사람은 없을 것이다.

테스코 신화의 주역이자 이 기간의 대부분을 CEO로 보낸 테리 리히 경은 테스코가 성공을 거둘 수 있었던 핵심 요인은 열 단어가 제시하는 비전대로 단순하게 사고했기 때문이라고 말했다.

1997년 리히 경은 CEO 자리에 올라 이사진들과 만났다. 한참을 논의한 끝에 이들은 테스코 기업의 미래를 개척하게 될 열 단어를 작성했다.

"고객의 믿음을 얻을 수 있도록 고객을 위한 가치를 창조하는 것To create value for customers to earn their lifetime loyalty."

사실 리히 경은 숫자 10을 아주 좋아했다. 2011년 경영 일선에서 물러난 후 발간한 자서전 제목도《위대한 조직을 만드는 10가지 절대법칙Management in Ten Words》이었다. 이 책에서 리히 경은 성공적인 경영자가 되고 위대한 조직을 만들기 위해 알아야 할 10가지 절대법칙을 자신의 경험담을 통해 자세히 소개하고 있다. 각 장은 모두 한 단어에 초점을 맞추는데, 열 가지 단어는 진실, 충성, 용기, 가치, 행동, 균형, 단순화, 효율성, 경쟁, 신뢰다.

테스코는 가치라고 부르는 것 두 가지를 제시하고, 그런 가치를 어떻게 실현해야 하는지에 대해 모든 직원과 소통하고 지원을 아끼지 않았다. 다른 조직과 달리 테스코가 추구한 가치는 '믿을 만한, 배려하는, 고품질의, 혁신적인' 같은 일반적인 의미를 가진 한 단어로 설명할 수 있는 것이 아니었다.

대신에 테스코는 문장으로 가치를 설명했다. 지금은 꽤

포괄적인 의미로 보일 수 있겠지만 테스코가 제시한 문장에는 가치를 실현하기 위해 조직과 구성원이 어떻게 행동해야 하는지에 대한 지침과 더불어 브랜드에 대한 고객의 반응을 이끌어낼 수 있는 구체적인 방법도 담겨 있다.

앞서 말한 두 가지 가치는 '우리는 고객을 위해 누구보다 최선의 노력을 다한다'와 '우리는 자신이 대우받고 싶은 대로 모든 사람을 대우한다'였다. 테스코는 점차 유럽과 아시아로 무대를 넓혔고 사업 영역도 금융 서비스와 통신 부문으로 확장했다. 하지만 핵심 목표와 가치, 전략은 바뀌지 않았다.

어느 연설에서 리히 경이 말한 것처럼 규모가 커질수록 모든 사람이 이해하고 따를 수 있는 명확한 비전과 가치를 갖는 일은 더욱 중요할 것이다.

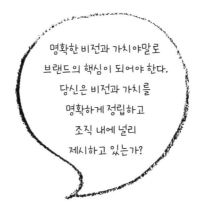

명확한 비전과 가치야말로
브랜드의 핵심이 되어야 한다.
당신은 비전과 가치를
명확하게 정립하고
조직 내에 널리
제시하고 있는가?

폭스바겐은
왜 고장난
자동차를
광고했을까?

초판 1쇄 2014년 7월 21일
2판 1쇄 2020년 5월 8일

지은이 | 자일스 루리
옮긴이 | 이정민

발행인 | 이상언
제작총괄 | 이정아
편집장 | 조한별
마케팅 | 김주희 김다은

발행처 | 중앙일보플러스(주)
주소 | (04517) 서울시 중구 통일로 86 4층
등록 | 2008년 1월 25일 제2014-000178호

판매 | 1588-0950
홈페이지 | jbooks.joins.com
네이버포스트 | post.naver.com/joongangbooks
인스타그램 | j__books

ISBN 978-89-278-1112-1 03320

중앙북스는 중앙일보플러스(주)의 단행본 출판 브랜드입니다.